Die besten

Low-Fat Rezepte

Dr. Gunther Hölz · Helmut Million

Die besten
Low-Fat Rezepte

Abnehmen mit Genuß

Inhalt

Nein zum Fett – ja zu Genuß und Vitalität

Übergewicht – ein pfundiges Problem

Risikofaktor Übergewicht

Immer mehr Menschen in der industrialisierten Welt haben Gewichtsprobleme. Fast jeder zweite Bundesbürger fühlt sich zu dick, wobei dieser Selbsteinschätzung häufig ein falsches Schönheitsideal zugrunde gelegt wird. Schlank sein ist in, schlanke Menschen werden in unserer Gesellschaft häufig bevorzugt, Übergewichtige dagegen spüren in vielen Fällen Ablehnung.

Übergewicht ist jedoch nicht nur ein kosmetisches Problem. Es ist auch ein nicht zu unterschätzender Risikofaktor für den allgemeinen Gesundheitszustand.

Immerhin müssen 20 bis 30% der Erwachsenen in Deutschland wegen ihres Übergewichtes von Ärzten der unterschiedlichsten Fachgebiete behandelt werden. Übergewicht begünstigt vor allem die Entstehung von Herz-Kreislauf-Erkrankungen, aber auch von Stoffwechselstörungen wie Zuckerkrankheit (Diabetes mellitus), Gicht und hohen Blutfettwerten. Auch schmerzhafte Schädigungen der gewichtstragenden Gelenke (Arthrose) und der Wirbelsäule sind oft auf eine Überbelastung durch Übergewicht zurückzuführen.

Was ist Normalgewicht ?

Die Wahrscheinlichkeit, eine dieser Krankheiten zu bekommen, ist bei Normalgewicht am geringsten. Früher wurde zur Bestimmung des Normalgewichtes häufig die Formel nach Broca angewendet (Körpergröße in cm minus 100 = Normalgewicht). Da diese Methode jedoch die Körperstatur zu wenig berücksichtigt, ist heute die Bestimmung eines Körpergewichtsindexes oder auch Body Mass Index (BMI) allgemein üblich. Dieser wird berechnet, indem man das Körpergewicht in Kilogramm durch das Quadrat der Körpergröße in Metern teilt.

Beispiel: Bei einer Körpergröße von 1,70 m und einem Gewicht von 75 kg rechnen Sie:

$$\frac{75\ \text{kg}}{1{,}7\ \text{m} \times 1{,}7\ \text{m}} = \frac{75\ \text{kg}}{2{,}89\ \text{m}^2}$$

$$= 25{,}95\ \frac{\text{kg}}{\text{m}^2}\ (=\text{BMI})$$

Werte zwischen 20 und 25 kg/m² entsprechen dem Normalgewicht, von 25 bis 30 kg/m² liegt leichtes Übergewicht vor, ab 30 kg/m² wird von krankhaftem und auf jeden Fall behandlungsbedürftigem Übergewicht gesprochen.

Neben diesen „nackten" Zahlen sind natürlich die individuellen Gegebenheiten jedes einzelnen Menschen anders, so daß heute an Stelle der Bezeichnung „Normalgewicht" die Begriffe „Realgewicht" oder „Wohlfühlgewicht" bevorzugt werden.

Das Real- oder Wohlfühlgewicht

Die Vorstellungen über das für Sie richtige Gewicht sind individuell ganz unterschiedlich. Auf jeden Fall sollte das Gewichtsziel aber immer erreichbar und auch langfristig zu halten sein. Unrealistische Wunschvorstellungen schaden und deprimieren nur.

Wenn gesundheitliche Risikofaktoren, wie Stoffwechselstörungen, Bluthochdruck oder schmerzhafte Gelenkerkrankungen, hinzukommen, verändern sich Gewichtsziele aufgrund des damit verbundenen Leidensdruckes selbstverständlich auch.

Oft macht man sich sein Übergewicht erst dann bewußt, wenn es die körperliche Leistungsfähigkeit beeinträchtigt oder gar das Selbstwertgefühl durch die überflüssigen Pfunde bereits in Mitleidenschaft gezogen wurde.

Diese wichtigen Fragen zur Ermittlung Ihres persönlichen Wohlfühl- oder Realgewichtes ergeben sich zum einen aus Ihrem körperlichen und psychischen Befinden und zum anderen aus dem Umgang mit Ihrer Umgebung.

Das Zusammenspiel von Kalorienaufnahme und -verbrauch

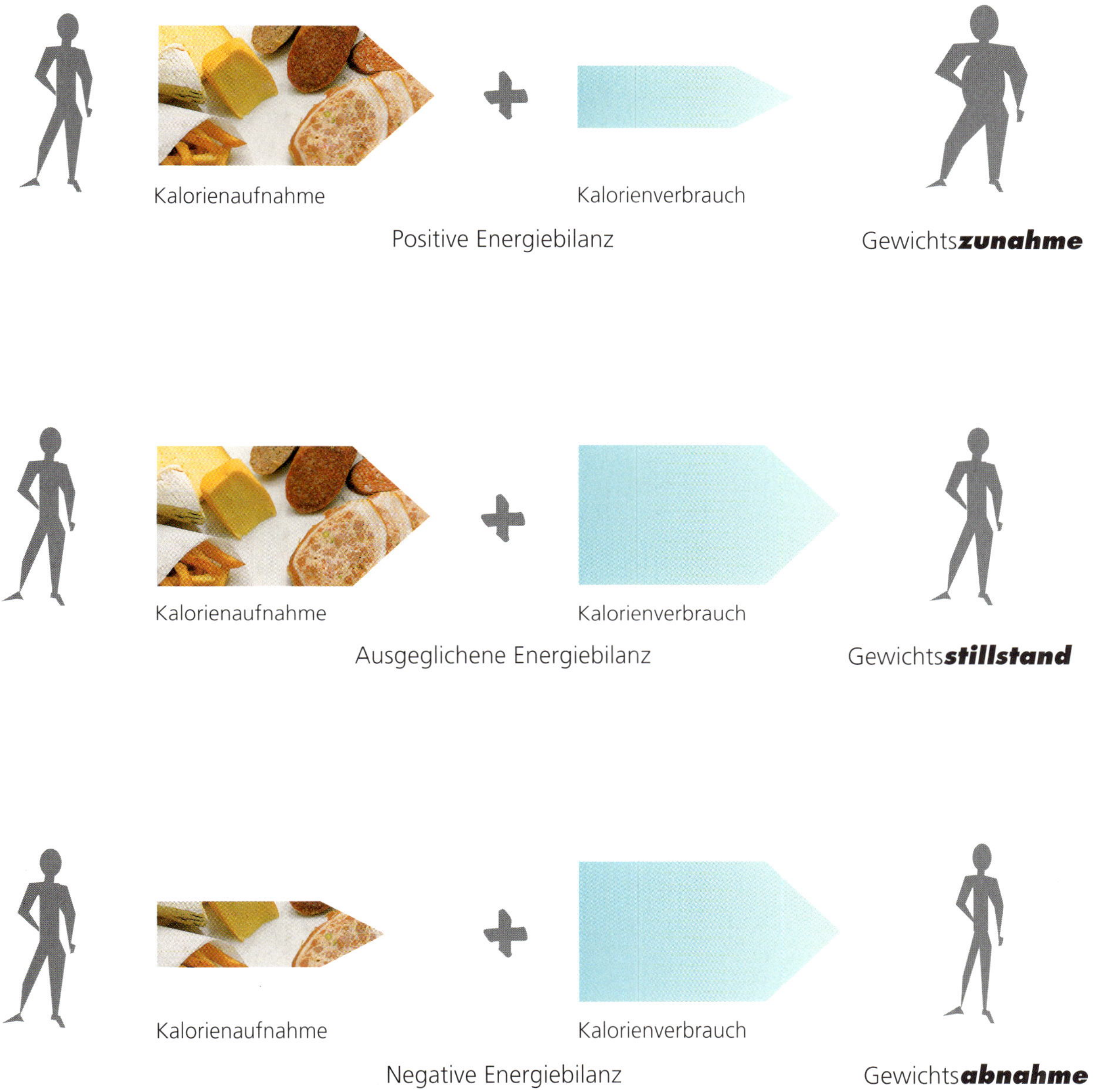

Übergewicht – wie entsteht es?

Die genetische, das heißt die geerbte Veranlagung zum Übergewicht findet heute sowohl in der Laienpresse als auch in wissenschaftlichen Arbeiten immer mehr Beachtung und auch im Volksmund wird schon seit langer Zeit zwischen einem guten Futterverwerter und einem schlechten Futterverwerter unterschieden. Aber es werden nicht nur Gene vererbt. Auch Eßgewohnheiten und andere Gepflogenheiten des täglichen Lebens werden innerhalb einer Familie weitergegeben.

Unabhängig von der Veranlagung ist für die Entstehung von Übergewicht eine positive Energiebilanz notwendig, das heißt es müssen mehr Kalorien zugeführt werden, als der Körper tatsächlich verbraucht. Die Abbildungen oben veranschaulichen, wie Kalorienzufuhr und -verbrauch das Körpergewicht beeinflussen.

Die Ernährungssituation in den sogenannten industrialisierten Ländern hat sich in den letzten Jahrzehnten sehr stark verändert. Zu jeder Jahreszeit steht uns heute ein Überangebot an Nahrungsmitteln zur

Verfügung, und Zeiten des Mangels oder des Hungers gibt es praktisch nicht mehr. Die Kalorienzufuhr hat sich dadurch für viele deutlich erhöht.

Außerdem ist unser Leben in jeder Beziehung bequemer geworden. Wir bewegen uns immer weniger, und auch unser Lebensstil erfordert immer geringere körperliche Aktivität, so daß auch der Kalorienverbrauch ganz erheblich gesunken ist.

Um dieses Ungleichgewicht wieder ins Lot zu bringen, muß zum einen die Kalorienaufnahme reduziert werden. Zum anderen muß der Kalorienverbrauch wieder gesteigert werden.

Körperfettverteilung: Apfeltyp oder Birnentyp?

Zur Abschätzung des gesundheitlichen Risikos von Übergewicht spielt neben dem Körpergewichtindex (BMI) auch die Körperfettverteilung eine bedeutende Rolle.

Wir unterscheiden grob zwischen zwei Typen von Fettverteilungsmustern. Da ist zum einen der männliche (= androide) Typ. Das Fett lagert sich bei ihm bevorzugt am Bauch an, während die Extremitäten und oft auch der Oberkörper relativ schlank bleiben. Hier spricht man vom **Apfeltyp.** Zum anderen gibt es den weiblichen (= gynoiden) Typ, bei dem sich die Fettpolster eher an den Hüften und an den Oberschenkeln anlagern. Diese Form nennt man den **Birnentyp.**

Die männliche Form der Körperfettverteilung, also die bauchbetonte, ist ein eigenständiger Risikofaktor. Zusammen mit Fettstoffwechselstörungen (z. B. hoher Cholesterinspiegel) kann diese Konstellation Schritt für Schritt zu einer Verkalkung der Gefäße und möglicherweise sogar zu einem Herzinfarkt oder Schlaganfall führen.

Diäten über Diäten

All diese Gesundheitsbeeinträchtigungen müssen nicht sein oder sollten erst gar nicht entstehen. Bei Übergewicht ist also Abnehmen angesagt. Die richtige Methode dafür zu finden, stellt viele jedoch vor ein Problem. Derzeit werden nämlich zahlreiche Diäten angepriesen, die mit teilweise sensationellen Versprechungen viele Übergewichtige in ihren Bann ziehen. An der Effektivität vieler dieser Diäten kann man berechtigt zweifeln. Kurzfristig angelegte, oft einseitige Diäten zur Gewichtsabnahme helfen nur wenig. In vielen Fällen unterstützen sie sogar langfristig eine Gewichtszunahme, was viele Diäterfahrene schon schmerzlich am eigenen Körper erfahren haben.

Vielleicht kennen Sie die sogenannten Blitzdiäten, die häufig in Zeitschriften stehen. Den Abnehmwilligen wird in Aussicht gestellt, innerhalb von wenigen Tagen (z. B. übers Wochenende) bis zu 5 kg Körpergewicht zu verlieren. Bei solchen Diäten zeigt die Waage tatsächlich weniger an, was aber zum größten Teil auf den Wasserverlust zurückzuführen ist. Die Fettpölsterchen bleiben bei kurz angelegten Diäten verschont, denn die Fettreserven im Körper werden erst abgebaut, wenn die Speicher für Wasser und Kohlenhydrate aufgebraucht sind. Oft wird aber nach diesen kurzen Diäten wieder wie zuvor gegessen oder sogar etwas mehr – man hat ja gut abgenommen. Aber ebenso schnell wie mit dem Abnehmen geht es leider auch wieder mit dem Zunehmen, und oft erreicht man noch ein paar Kilo mehr als vor der Diät. Dieses Auf und Ab des Körpergewichts wird ganz bildlich als Jojo-Effekt bezeichnet.

Wenn Sie langfristig Ihr Wohlfühlgewicht halten möchten, lassen Sie sich von Blitzdiäten oder einseitigen Diäten erst gar nicht verlocken. Stellen Sie statt dessen Ihre Ernährungsgewohnheiten Schritt für Schritt um. Gehen Sie über zu einer Kost, die deutlich weniger Fett enthält als bisher, legen Sie besonderen Wert auf frisches Gemüse und Obst, und steigen Sie um auf Ballaststoffhaltiges, wie Vollkornbrot, Hülsenfrüchte und Naturreis. Daß dies nicht mit einem Verzicht an Genuß und Geschmack einhergehen muß, zeigen Ihnen die köstlichen Gerichte im Rezeptteil dieses Buches.

So rücken Sie dem Fett zu Leibe

Unersättliche Fettspeicher

In den letzten Jahrzehnten hat sich in den Industrieländern nicht nur die Gesamtmenge an Nahrungsmitteln verändert, sondern insbesondere auch die Zusammensetzung der Nahrung.

Im Vergleich zum letzten Jahrhundert wird in allen Bevölkerungsschichten wesentlich mehr Fett verzehrt. Parallel dazu hat auch das Übergewicht zugenommen. Dazu tragen insbesondere Nahrungsmittel bei, die an sich schon sehr fetthaltig sind (z. B. Butter und Margarine oder bestimmte Fleisch- und Wurstsorten) und solche, die mit sehr viel Fett zubereitet werden (z. B. Fritiertes und viele Knabberartikel). Wissenschaftliche Studien haben gezeigt, daß Übergewichtige nicht unbedingt mehr Kalorien zu sich nehmen als Normalgewichtige. Sie essen jedoch deutlich mehr Fett.

Im Gegensatz zu den Kohlenhydraten und den Eiweißen aus der Nahrung kann Nahrungsfett ohne größeren Aufwand direkt im Körper gespeichert werden. Der Umbau von

Nahrungsfett in Körperfett erfolgt viel einfacher und schneller als der der übrigen Nährstoffe. Der Fettspeicher ist unersättlich und kann praktisch ohne Grenzen wachsen.

Für eine erfolgreiche Gewichtsabnahme muß daher der Fettverbrauch drastisch eingeschränkt werden. Für Normalgewichtige wird heute eine tägliche Gesamtfettzufuhr von 60 bis 80 g empfohlen. Zur Gewichtsreduktion sollten die Tagesmengen 40 bis 50 g Fett nicht übersteigen. Um dies zu ermöglichen, sind auch die Rezepte und die Tagespläne in diesem Buch so berechnet.

Vorsicht, versteckte Fette

In vielen Nahrungsmitteln lauern „versteckte Fette", die, wie es der Name bereits sagt, nicht sofort sichtbar sind. So haben wir z.B. bei Schinken einen Fettrand, der dem sichtbaren Fett entspricht, aber auch der Schinken an sich enthält Fett. Verstecktes Fett ist ebenfalls in Kuchen und fritierten Lebensmitteln, in Schokolade, Wurstwaren und im Käse enthalten. Besonders viel verstecktes Fett haben die Nahrungsmittel aus der nebenstehenden Tabelle.

Fettgehalte ausgewählter Nahrungsmittel

Nahrungsmittel (je 100 g)	Fettgehalt
geröstete Erdnüsse	50 g
Cervelat-, Mett- oder Plockwurst	44 g
Leberwurst	41 g
Schlagsahne (30% Fett)	32 g
Schokolade	32 g
Doppelrahmfrischkäse (60% F. i. Tr.)	32 g
Emmentaler (45% F. i. Tr.)	30 g
Nuß-Nougat-Creme (Brotaufstrich)	29 g
Sahnetorte	25 g
Camembert (45% F. i. Tr.)	22 g
Naturjoghurt (3,5% Fett)	3,5 g

Der Fettgehalt von Käse wird immer in „% Fett in der Trockenmasse" (% Fett i. Tr.) angegeben. Damit ist der Fettanteil gemeint, der in der wasserfreien Käsemasse (= Trockenmasse) enthalten ist. Der absolute Fettgehalt von Käse liegt immer unter dem Fettgehalt in der Trockenmasse. So hat Weichkäse mit einem recht hohen Wassergehalt (z.B. Camembert) weniger Fett absolut als ein Hartkäse (z.B. Emmentaler), auch wenn für beide Käsesorten der gleiche Fettgehalt in der Trockenmasse angegeben ist. Als Anhaltspunkt zum Umrechnen auf den absoluten Fettgehalt können Sie den Fettgehalt in der Trockenmasse halbieren. Wenn Sie abnehmen möchten, dann wählen Sie solche Käsesorten, die höchstens 45% Fett i. Tr. haben.

Viele köstliche Nahrungsmittel haben gar kein oder sehr wenig Fett. Es lohnt sich, einige der unten genannten Beispiele in die Tat umzusetzen, wenn Sie Fett einsparen wollen:

- Wenn abends vor dem Fernseher Knabbersnacks verlocken, dann bereiten Sie sich eine große Portion Rohkoststäbchen (z.B. Möhren, Kohlrabi, Salatgurke oder Radieschen) mit einem erfrischenden Dip aus Magerquark und Kräutern zu.
- Statt beim Stadtbummel in Fast-food-Restaurants etwas zwischendurch zu essen, halten Sie für den kleinen Hunger einfach 1 bis 2 Stück frisches Obst (Apfel, Birne oder Orange) bereit.
- Als Brotbelag haben Sie eine große Auswahl an fettreduzierten Käsesorten, entweder frisch von der Käsetheke oder aus dem Kühlregal. Oft sind Käsesorten mit einem höheren Fettgehalt geschmacksintensiver. Wenn Sie diese Sorten bevorzugen, dann schneiden Sie die Scheiben sehr dünn auf. Übrigens: Zum Überbacken genügt eine Käsesorte mit 30% Fett i. Tr.

Tiefgekühltes Obst und Gemüse sind gute Helfer, wenn man beim Kochen Zeit sparen will. Aber in sonstigen Fertigprodukten, z.B. in Suppen und Saucenzubereitungen aus der Tüte, können sich große Fettmengen verbergen. Die Hersteller dieser Produkte nutzen Fett gerne als Geschmacksträger für Gewürze oder als natürlichen Geschmacksverstärker, so daß der Verbraucher das Fett als solches gar nicht erkennt oder aber die enorme Menge nicht abschätzen kann. Fertigprodukte und Fast-food-Gerichte sollten Sie aus diesem Grund vom Speiseplan streichen.

Über das vielfältige Angebot von Light-Produkten freuen sich viele Übergewichtige. Die Palette läßt kaum einen kulinarischen Wunsch offen, gibt es doch Light-Butter, Light-Wurst oder sogar Light-Chips. Bei der Light-Butter wird beispielsweise das Fett zusammen mit Wasser unter Zuhilfenahme von Emulgatoren aufgearbeitet. Um das volle Geschmackserlebnis wie bei herkömmlicher Butter zu haben, werden Sie aber von der Light-Version automatisch mehr nehmen. Lassen Sie sich nicht irreführen, denn gegen einen vermeintlich verminderten Fettgehalt tauschen Sie sich eine Menge Chemie in Ihrer Nahrung ein.

Sichtbares Fett – das haben Sie im Griff

Es geht nicht nur darum, auf die versteckten Fette zu achten, auch das sichtbare Fett muß sinnvoll eingesetzt werden. So sind z.B. in 1 Eßlöffel Butter etwa 75 kcal (ca. 8 g Fett) und in 1 Eßlöffel Öl ungefähr 110 kcal (ca. 10 g Fett) enthalten. Bei der Essenszubereitung ist es daher wichtig, Fett richtig und nicht in Übermengen zu verwenden.

Kleine Tricks und nützliche Kniffe helfen Ihnen, das sichtbare Fett einzusparen.

- Geben Sie beispielsweise das Öl für die Salatsauce zunächst auf einen Löffel, und machen Sie sich die Fettmenge bewußt, die darin steckt. Würden Sie das Öl statt dessen direkt aus der Flasche gießen, könnte sich leicht die drei- bis vierfache Menge in der Schüssel ansammeln.
- Wenn Sie etwas dünsten oder braten, reicht es sogar schon aus, den Boden des Topfes bzw. der Pfanne mit Fett einzupinseln, damit die Speisen nicht im Fett schwimmen.
- Denken Sie auch beim Brotbelag über Alternativen nach. Wenn Sie einen fettreichen Belag verwenden, wie das bei vielen Wurst- oder Käsesorten der Fall ist, dann ist Butter oder Margarine nicht nötig, da Sie schon genügend Fett auf dem Brot haben. Legen Sie von solchen Wurst- oder Käsesorten immer nur wenige dünne Scheiben ohne Butter oder Margarine aufs Brot.
- Es gibt auch neuerdings viele gut gewürzte pflanzliche Aufstriche zu kaufen, und auch im Rezeptteil dieses Buches finden Sie z.B. auf S. 30 vorzügliche Beispiele, wie Sie Ihre Brote auf fettarme Weise bereichern können.
- Bei vielen Backrezepten können Sie Butter oder Reform- bzw. Diätmargarine bis zu einem Drittel durch Magerquark ersetzen, ohne daß die Konsistenz oder die Qualität des Backwerkes beeinträchtigt wird.

Beim Abnehmen spielt also die Fettmenge eine zentrale Rolle. Außerdem kommt auch der richtigen

Auswahl der Fette für eine gesunde Ernährung im allgemeinen große Bedeutung zu. Welche Fettsorten für die unterschiedlichen Zubereitungsarten am besten geeignet sind, zeigt Ihnen die folgende Übersicht.

Wo setze ich welche Fettsorte ein?

Brotaufstrich	Butter oder „Reform-Margarine" (ungehärtete Pflanzenmargarine mit hohem Anteil an kaltgepreßtem Öl)
Salatsaucen	kaltgepreßte Pflanzenöle mit hohem Anteil an mehrfach ungesättigten Fettsäuren, z. B. Sonnenblumen- und Distelöl
Backen	Butter, „Reform-Margarine" oder kaltgepreßte Pflanzenöle
Braten	ungehärtetes Pflanzenfett (auf der Basis von Kokos- bzw. Palmkernfett)

Kohlenhydratreiche Nahrungsmittel bevorzugen

Mehr Kohlenhydratreiches essen und dafür Fett einschränken. Dieses Motto könnte man zum Abnehmen ausrufen. Aber auch bei den kohlenhydrathaltigen Nahrungsmitteln sollten Sie wählerisch sein. Zucker, Auszugsmehl (weißes Mehl), geschälter Reis und die daraus hergestellten Produkte sind zwar ebenfalls kohlenhydratreich, entfachen jedoch in unserem Körper ein „Strohfeuer" und führen dann über die vermehrte Insulinausschüttung rasch wieder zu mehr Hunger. Solche Nahrungsmittel sollten Sie möglichst meiden.

Statt dessen sollten kohlenhydratreiche Nahrungsmittel, wie Vollkornprodukte, Salate, Gemüse, Obst und Kartoffeln, in der Ernährung eine wichtigere Rolle spielen.

Vergessen Sie das alte Vorurteil von der dickmachenden Kartoffel. Die Kartoffel an sich ist sehr kalorienarm, doch wird sie in Form von Pommes frites und Chips durch die enorme Fettaufnahme beim Fritieren zur reinen Kalorienbombe.

Fettgehalte verschiedener Kartoffelzubereitungen

Nahrungsmittel (je 100 g)	Fettgehalt
gekochte Kartoffeln	0 g
Pommes frites	15 g
Kartoffelchips	39 g

Die verschiedenen Zubereitungsarten von Kartoffeln auf den Seiten 67, 80, 98 und 99 zeigen Ihnen, wie hervorragend die „tolle Knolle" ohne diesen Fettzusatz auskommen kann.

Steigen Sie also um auf die wertvolleren Kohlenhydratlieferanten: Vollkornprodukte, Obst und Gemüse sind zusätzlich reich an wichtigen Nährstoffen, wie Ballaststoffen, Vitaminen und Spurenelementen. Gerade der hohe Gehalt an Ballaststoffen ruft unter anderem ein Sättigungsgefühl hervor, das gleichzeitig hilft, mit weniger Kalorien und kleineren Essensportionen auszukommen. Somit trägt eine ballaststoffreiche Kost in besonderem Maße zum Abnehmen bei. Sie versorgt den Körper mit wichtigen Vitalstoffen und gibt ein Sättigungsgefühl bei gleichzeitig verminderter Kalorienzufuhr.

Frisches Obst und Salate sollten einen festen Platz in unserer Ernährung haben. Sie verschaffen uns zusätzlich Vitalität und halten uns gesund. Gute Anregungen, wie Sie Salate abwechslungsreich zubereiten können, finden Sie in diesem Buch unter dem gleichnamigen Kapitel ab Seite 36.

Sie sollten jedoch beachten, daß es bei einer ballaststoffreichen Ernährung nötig ist, ausreichend Flüssigkeit aufzunehmen. Zur Deckung des Flüssigkeitsbedarfes sollten Sie daher mindestens 2 l trinken. Besonders gut eignet sich Mineralwasser, pur oder mit etwas Obstsaft verfeinert. Ebenso können Sie Kräutertees der unterschiedlichsten Geschmacksrichtungen, über den Tag verteilt, zu sich nehmen.

Bei der Umstellung der Ernährung auf eine ballaststoffreichere Kost kann es anfangs zu Verdauungsproblemen und zu Blähungen kommen. Nach einiger Zeit stellt sich die Darmflora jedoch auf die veränderte Ballaststoffzufuhr ein. Haben Sie ein wenig Geduld, denn eine faserreiche Kost hat gerade bei Übergewicht so viele Vorteile, daß es sich lohnt, anfängliche Schwierigkeiten zu überwinden.

Durchdachter Lebensmitteleinkauf

Sie haben sich entschlossen, Ihre Ernährung fettärmer und dadurch kalorienärmer zu gestalten. Beim Einkauf der Lebensmittel können Sie Ihre neu erworbenen Kenntnisse über die richtige Nahrungsmittelauswahl zum ersten Mal anwenden. Kaufen Sie bewußt ein, studieren Sie, soweit möglich, die Fettangaben auf den Nahrungsmitteln. Auch ein Einkaufszettel kann hilfreich sein. Diesen stellen Sie am besten vor dem Einkauf auf. Er sollte, was die Nahrungsmittelmengen betrifft, nicht zu großzügig kalkuliert sein. Notieren Sie auf jeden Fall Vollkornprodukte (z. B. Vollkornmehl und Naturreis) sowie frisches Obst und Gemüse. Da Fleisch in einer zeitgemäßen fettarmen Kost eher als Beilage betrachtet wird, genügen beim Einkauf kleinere Mengen als bisher. Die Fleischsorten sollten an sich schon fettarm sein. Kaufen Sie daher z. B. Geflügelfleisch. Wählen Sie bevorzugt frische Produkte, die zur Einkaufszeit Saison haben. Die höchste Wertigkeit und besonderen Eßgenuß haben Sie, wenn die Nahrungsmittel aus biologischem Anbau stammen.

Kaufen Sie nie hungrig ein, es landet sonst meistens mehr und oft auch das Falsche im Einkaufskorb. Wie schnell verführen uns Sonderangebote dazu, einzukaufen, was nicht auf dem Einkaufszettel stand. Zuhause steht man dann vor der Frage : „Was tue ich damit?". Wenn Sie diese Sonderangebote einfrieren oder Ihren Essensplan kurzfristig umdisponieren, sind solche Einkäufe sinnvoll. Wenn sie zusätzlich auf dem Tisch erscheinen, ist es meist zuviel. Es geht also schon beim Einkauf darum, gezielt und mengenmäßig richtig einzukaufen, damit man später nicht so viele Reste hat. Denn gerade sie verlocken leicht dazu, mehr zu essen als nötig und gewollt.

Tips für die Zubereitung

Neben der richtigen Nahrungsmittelauswahl kommt auch der fettsparenden Zubereitung eine große Bedeutung zu.

- Vermeiden Sie das Panieren und Fritieren von Fleisch- oder Fischgerichten. Statt dessen können Sie beispielsweise Fischfilet in wenig Fett dünsten. Dadurch behält der Fisch zudem noch seinen zarten Eigengeschmack.
- Nicht jede Speise muß mit Butter, Sahne oder Crème fraiche verfeinert werden. Ein vorzügliches Aroma geben frisch gehackte Kräuter in Saucen und Suppen – und das ohne Fett. Probieren Sie doch einmal aus, wie man Saucen mit püriertem Gemüse binden kann. Sahnetupfer auf Desserts können Sie beispielsweise durch cremig gerührten Quark ersetzen.
- Besonders unkompliziert läßt sich Gemüse dämpfen. Hierzu können Sie das Gemüse entweder im Dampfdrucktopf oder mit speziellen Dämpfeinsätzen im normalen Topf ganz ohne Fett garen.
- Auch beim Garen in beschichteten Töpfen und Pfannen oder beim Braten in speziellen Schlauchfolien können Sie enorme Mengen an Fett einsparen, ohne daß Sie auf Knuspriges oder Aromatisches verzichten müssen.
- Das Grillen ist durchaus für die fettarme Küche geeignet. Das Grillgut (Fleisch, Gemüse oder Kartoffeln) sollte vor dem Auflegen sparsam mit Öl eingepinselt werden.

Wenn Sie die Ratschläge und Tips aus diesem Kapitel beim Einkauf und beim Kochen berücksichtigen, sind Sie bei einer zeitgemäßen, vollwertigen Ernährung angelangt, wie sie heute von vielen anerkannten Ernährungsexperten empfohlen wird. Genau nach diesen Richtlinien sind die abwechslungsreichen Rezepte in diesem Buch aufgebaut. Auch wenn Sie in Zukunft auf viel Fett verzichten werden: Der Genuß wird mit diesen Rezepten auf keinen Fall zu kurz kommen.

Alles klar zum Abnehmen?

Mit alten Gewohnheiten brechen

Alle noch so gut gemeinten Reduktionsdiäten bringen keinen dauerhaften Erfolg, wenn sie nicht auf eine langfristige Änderung falscher Ernährungsgewohnheiten abzielen.

Dieses Kochbuch schlägt Ihnen deshalb auch keine weitere Diät im „Diätendschungel" vor, sondern es hält eine Vielzahl von Rezepten für alle Mahlzeiten des Tages, für Sie bereit. Um einen dauerhaften Erfolg beim Abnehmen und Gewichthalten verbuchen zu können, müssen Sie bereit sein, mit alten Eßgewohnheiten zu brechen und auch falsche Angewohnheiten zu verändern.

Am Hauptziel sind Sie angelangt, wenn Sie mit den Rezepten aus diesem Buch abgenommen haben. Sie werden zusätzlich jedoch merken, daß Sie auch noch ein anderes Ziel erreicht haben: Ihre Ernährungsgewohnheiten haben sich grundlegend geändert.

Auch wenn es Sie anfangs erhebliche Überwindung kostet: Freuen Sie sich darauf, Schritt für Schritt einer zeitgemäßen, fettarmen Ernährung zum Abnehmen und Gewichthalten näherzukommen.

Kleine Sünden erlaubt?

Sie wollen dauerhaft an Ihrem Ernährungsverhalten etwas ändern? Dann sollten Sie auf zu strenge Kontrollmechanismen verzichten. Sie sind nicht darauf angewiesen, in Windeseile sehr viel Gewicht zu verlieren. Nehmen Sie sich daher genügend Zeit zum Abnehmen und um alte Ernährungsgewohnheiten grundlegend zu ändern. Bremsen Sie Ihre Motivation nicht durch selbst auferlegte Verbote bestimmter Nahrungsmittelgruppen (z. B. „nie mehr Schokolade") oder Mengenbeschränkungen.

Gestehen Sie sich durchaus auch einmal einen Rückfall zu. Dazu zählen „kleine Sünden", wie Knabberartikel vor dem Fernseher oder ein fetter Imbiß zwischendurch. Lassen Sie sich davon nicht entmutigen, aber machen Sie sich bewußt, daß der Verzehr des einen oder anderen Nahrungsmittels wieder ein Rückschritt auf Ihrem neuen Weg ist.

Stärken Sie auf der anderen Seite jedoch immer wieder Ihr Selbstvertrauen und verzeichnen Sie jede positive Veränderung in Ihrem Eßverhalten als Ihren persönlichen Erfolg.

Der unverkrampfte Umgang mit einer neuen Ernährungsweise und eine flexible Kontrolle haben sich aller Erfahrung nach sehr gut als langfristige Maßnahme zum Abnehmen bewährt. Sie sind auf jeden Fall dauerhaft wirksamer als eine zu rigide Kontrolle mit vielen Verboten und unrealistischen Prinzipien.

Sich regen bringt Segen

Nicht nur unsere Ernährungsgewohnheiten haben sich in den letzten Jahrzehnten geändert, der gesamte Lebensstil hat sich dramatisch gewandelt.

Viele vermeintliche Errungenschaften unseres modernen Lebens wirken sich ungünstig auf unsere Gesundheit und unser Wohlbefinden aus. Unser Leben ist viel bequemer geworden, und der in allen Altersgruppen verbreitete Bewegungsmangel bedroht unsere Gesundheit.

Als unterstützende Maßnahme beim Abnehmen kommt der Bewegung eine außerordentlich wichtige Bedeutung zu. Die Gründe dafür sind vielfältig. Zum einen werden bei der Bewegung Kalorien verbraucht, und der Kreislauf wird angeregt. Zum anderen wird bei sinnvoller Bewegung Fettmasse abgebaut, aber dafür Muskelmasse aufgebaut.

Ein weiteres wichtiges Argument für regelmäßige Bewegung ist, daß wir dabei schrittweise wieder ein besseres Verhältnis zu unserem Körper bekommen. Zunehmende Leistungsfähigkeit verbessert das Selbstvertrauen, und dies ist auf dem langfristig angelegten Weg zum Abnehmen unbedingt notwendig.

Auch wenn aller Anfang schwer ist, Sie werden wortwörtlich Schritt für Schritt Freude an Ihrer neuen Beweglichkeit bekommen.

Unter der Vielzahl der sportlichen Betätigungen haben Sie eine große Auswahl. Je nach Ihrer eigenen körperlichen Leistungsfähigkeit kann die gewählte Sportart sehr unterschiedlich aussehen. Ausdauerbewegungsarten, z.B. Schwimmen, Radfahren und flottes Gehen, können auf Ihrem Programm stehen. Auch eine geschickt angelegte Gruppengymnastik bringt viel Freude. Wichtig dabei ist die Regelmäßigkeit, und so sollten Sie sich dreimal in der Woche mindestens eine halbe Stunde Zeit für Ihren neuen Sport nehmen.

Versuchen Sie auch, Ausdauerbewegungen in den Alltag einzubauen. Ein Weg, der bisher wie selbstverständlich mit dem Auto zurückgelegt wurde, läßt sich vielleicht mit dem Fahrrad oder gar zu Fuß bewältigen. Benutzen Sie auch öfter das Treppenhaus, und lassen Sie den Lift ohne Sie fahren. Ihnen fallen sicher noch weitere Beispiele aus Ihrem Alltag ein. Wichtig ist, daß Sie einen Anfang machen. Vielen bereitet Bewegung in der Gruppe mehr Spaß als alleine. Suchen Sie sich Gleichgesinnte, vielleicht beim Lauftreff, beim Sportverein, im Fitneß-Studio…

Essen wird wieder zum Genuß

Gutes Essen hatte schon immer mit Lust und Genießen zu tun. Damit für Sie jede Mahlzeit zum Genuß wird, sollten Sie sich immer genügend Zeit dafür nehmen, in ruhiger, entspannter Atmosphäre. Sie wissen selbst: Hastig heruntergeschlungenes Essen liegt oft schwer im Magen. Von dem guten Geschmack der Speisen hat man nichts gehabt. Essen Sie also bewußt und langsam. Richten Sie das Essen schön an, selbst wenn Sie die Mahlzeit alleine einnehmen, denn auch das Auge ißt mit.

Setzen Sie sich bewußt mit bestimmten Situationen auseinander, die Ihr Eßverhalten beeinflussen. Trauer, Frust, Streß oder Einsamkeit verführen uns genauso zum Essen wie Hunger, denn auch unsere Seele kann hungern. Überhaupt sind es oft mehr Gelüste als

eigentlicher Hunger, die uns zum unkontrollierten und dann auch übermäßigen Essen verleiten.

Hektik, Ärger und Streß schlagen vielen von uns auf den Magen; Essen macht keinen Spaß mehr. Auch wenn sich die Unannehmlichkeiten des Alltags nicht ganz vermeiden lassen, so sollten Sie doch lernen, gelassener damit umzugehen. Bewegung kann durchaus ein sinnvoller Ausgleich sein. Aber auch Entspannungstechniken, wie das Autogene Training, eignen sich zum Abbau von Streß. Vielleicht lieben Sie Musik oder gehen gerne ins Theater – Sie werden sicher eine für Sie passende Möglichkeit finden, der Hektik des Alltags zu entfliehen.

Denken Sie doch einmal in Ruhe über diese Anregungen nach. Wenn Sie den ein oder anderen Vorschlag in die Tat umsetzen, werden Sie schnell merken, daß Sie mehr Freude am Leben empfinden. Auch das Essen werden Sie wieder genießen lernen und ihm die besondere Bedeutung beimessen, die es ja auch verdient.

Hinweise zu den Rezepten

Jetzt wird gekocht und gebacken

Alle guten Tips und Hilfen aus diesem Buch wollen in die Tat umgesetzt werden. Daher sind die Rezepte in diesem Buch so konzipiert, daß sie die Anforderungen an eine zeitgemäße, fettarme Ernährungsweise zum Abnehmen und Gewichthalten erfüllen.

Bevor Sie nun alte Eß- und Kochgewohnheiten über Bord werfen und einen neuen Kurs in puncto Ernährung einschlagen, hier noch ein paar Tips zum Umgang mit den Rezepten in diesem Buch:

Die Zeitangaben

Die angegebenen Zubereitungszeiten umfassen die Zeiten für Vorbereitungen (z.B. Schälen und Schneiden) und die Garzeit eines Gerichts. Nur bei einzelnen Rezepten müssen längere Vorbereitungszeiten, wie Keimzeiten oder Quellzeiten und die Gehzeit von Teigen, eingeplant werden. Diese sind daher extra ausgewiesen und müssen zur Zubereitungszeit hinzugerechnet werden.

Die Portionsangaben

Alle Rezepte, mit Ausnahme des Gebäcks, sind für 2 Personen gedacht. Die Nährwertangaben am Ende der Rezepte beziehen sich auf 1 Portion. So fällt es Ihnen leichter, einen Tagesplan nach Ihren individuellen Anforderungen zusammenzustellen.

Die Zutatenmengen

Sie beziehen sich bei Gramm- und Kilogrammangaben (z.B. „400 g Kartoffeln") immer auf die küchenfertige, das heißt auf geputzte und gewaschene Ware. Stückangaben (z.B. „1 Möhre") beziehen sich immer auf mittelgroße Stücke der ungeputzten Rohware. Bei Mengenangaben, wie Teelöffel (TL) und Eßlöffel (EL), wird von gestrichenen Maßen ausgegangen.

Die Temperaturangaben

Die Backofentemperaturen in den Rezepten beziehen sich immer auf einen Elektrobackofen mit Ober- und Unterhitze.

Die Nährwertangaben

Am Ende eines jeden Rezeptes finden Sie, bezogen auf 1 Portion beziehungsweise 1 Stück, Angaben zu Fett, Eiweiß und Kohlenhydraten, Ballaststoffen sowie zu Kilokalorien. Es handelt sich dabei jeweils um gerundete Werte.

Hinweise zu einigen Zutaten

- Bei **Kräutern** und **Gewürzen** werden häufig keine Mengenangaben gemacht. Sie können diese also nach Belieben verwenden. Das trifft jedoch nicht auf **Salz** und salzhaltige Würzmischungen zu. Salzen Sie nur sehr sparsam, dies ist besonders für Bluthochdruckkranke wichtig.
- Zum Süßen werden häufig **Trockenfrüchte** verwendet, greifen Sie auf ungeschwefelte Ware zurück.
- **Delifruit** ist kein Süßungsmittel, sondern eine fertige Gewürzmischung aus Zimt, Koriander, Anis, Kardamom, Bourbonvanille und Nelken. Es ist in Reformhäusern erhältlich.
- Die im Rezeptteil verwendete **Diätmargarine** ist als Reform-Margarine (Seite 11) zu verstehen. Sie hat den gleichen Fettgehalt wie z.B. Butter und andere Pflanzenfette.
- In den Rezepten werden häufig **Keimlinge** und Sprossen verwendet. Einige gibt es in vielen Gemüseläden oder Supermärkten zu kaufen. Wie Sie Keime selbst ziehen können, erfahren Sie auf der Seite 126.
- Wichtiges zum Kochen mit Getreide können Sie auf Seite 125 nachlesen.

Abkürzungen		
ca.	=	circa
cm	=	Zentimeter
EL	=	Eßlöffel (gestrichen)
Fett i. Tr.	=	Fett in der Trockenmasse
kcal	=	Kilokalorien
kg	=	Kilogramm
l	=	Liter
m	=	Meter
Min.	=	Minuten
ml	=	Milliliter (1000 ml = 1 l)
Msp.	=	Messerspitze
Std.	=	Stunde (n)
TL	=	Teelöffel (gestrichen)
°C	=	Grad Celsius

Frühstücksideen und Kleinigkeiten für zwischendurch

Frühstücken Sie wie ein König! Es lohnt sich, dieses bekannte Sprichwort ernst zu nehmen, denn der Körper verwendet die Energie, die ihm in den ersten Stunden des Tages zugeführt wird, vor allem zur Muskeltätigkeit. Im Gegensatz dazu werden allzu reichlich aufgenommene Kalorien kurz vor der Nachtruhe eher in Fettdepots eingelagert.
Nehmen Sie sich daher für Ihr Frühstück ein wenig Zeit. Decken Sie den Tisch reichlich, abwechslungsreich und mit Lebensmitteln, die für eine fettreduzierte Ernährung geeignet sind. Ein frisches Müsli aus Getreide, Obst und fettarmen Milchprodukten läßt viele Morgenmuffel munter werden. Als Grundlage können auch verschiedene Vollkornbrot- und Brötchensorten, belegt mit Geflügelaufschnitt, Corned beef, einem vegetarischen Aufstrich oder magerem Käse dienen. Wer lieber etwas Süßes zum Tagesanfang mag, für den sind zuckerarme Marmeladen oder fruchtige Aufstriche genau das richtige.
Und noch ein Ratschlag: Gehören Sie zu jenen, die morgens nichts „hinunterbekommen“, dann ist es besser, das Frühstück 2 bis 3 Stunden später nachzuholen, als die ersten Bissen erst zu Mittag zu sich zu nehmen.
Und wie sieht der Ernährungsfahrplan im weiteren aus? Mehrere kleine Mahlzeiten sind günstiger als wenige große. Sie entlasten den Stoffwechsel, verhindern starke Hungergefühle und sind somit wichtig, um überflüssige Pfunde abzubauen. Ein bißchen Obst oder Gemüse und magere Milchprodukte eignen sich hierfür. Wer jedoch gerne neue Anregungen für das Frühstück oder für die Zwischenmahlzeiten aufgreifen will, der findet auf den folgenden Seiten Vorschläge für kleine Köstlichkeiten, die auch ohne viel Aufwand leicht zuzubereiten sind.

Vollkornbrötchen

Zeit zum Gehen: ca. 1 Std.
Zubereitungszeit: ca. ½ Std.
Backzeit: ca. ½ Std.

Für ca. 20 Brötchen

Für die Brötchen:
- 30 g Hefe
- 400 ml lauwarmes Wasser
- ½ TL Meersalz
- 600 g sehr feines Dinkelvollkornmehl

Zum Bestreuen:
- Kümmel
- Sesamsaat
- Mohn
- provenzalische Kräutermischung

1. Die Hefe im lauwarmen Wasser auflösen. Das mit Meersalz vermischte Dinkelvollkornmehl darunterarbeiten. Den Teig 5 Minuten kneten und mit einem Küchentuch abgedeckt an einem warmen Ort bis zur doppelten Größe aufgehen lassen.
2. Inzwischen den Backofen auf 200° C vorheizen. Ein feuerfestes Gefäß mit heißem Wasser füllen und auf den Boden des Ofens stellen.
3. Den Brötchenteig nochmals gut durchkneten und zu einer Rolle formen. Die Teigrolle in 20 Stücke teilen und diese zu runden oder eckigen Brötchen formen.
4. Die Brötchen auf ein mit Backtrennpapier ausgelegtes Backblech setzen. Nochmals abgedeckt an einem warmen Ort bis zur doppelten Größe aufgehen lassen.
5. Die Brötchen mit warmem Wasser bestreichen und mit Kümmel, Sesam, Mohn und Kräutern bestreuen.
6. Die Brötchen auf der mittleren Schiene im vorgeheizten Backofen etwa ½ Stunde backen. Sie sollten dann goldbraun sein.

1 Brötchen enthält:
1 g Fett
4 g Eiweiß
18 g Kohlenhydrate
3 g Ballaststoffe
ca. 100 kcal

Variation
Das Rezept kann mit Leinsamen, Sonnenblumenkernen, Nüssen oder mit Rosinen und Korinthen variiert werden.

Tip
Mahlen Sie den Dinkel, sofern Sie eine Mühle besitzen, erst kurz vor dem Backen. Das Mehl ist dann durch den Mahlvorgang etwas warm und fördert die Treibkraft der Hefe.

Vollkornbaguette

Zeit zum Gehen: ca. ¾ Std.
Zubereitungszeit: ca. ½ Std.
Backzeit: ca. ½ Std.

Für 2 Stück

- 400 g feines Weizenvollkornmehl
- 20 g Hefe
- 200 ml lauwarmes Wasser
- ½ TL Meersalz
- 2 TL Diätmargarine

1. Das Mehl, das am besten noch warm vom Mahlvorgang sein sollte, in eine Schüssel geben und in die Mitte eine Mulde drücken. Die Hefe hineinbröckeln und mit dem lauwarmen Wasser übergießen.
2. Den Hefeansatz mit etwas Mehl vom Muldenrand bestreuen. Die Schüssel mit einem Küchentuch abdecken und den Vorteig an einem warmen Ort etwa ¼ Stunde gehen lassen.
3. Dann das Mehl und das Salz unter den Teigansatz arbeiten. Den Teig etwa 5 Minuten kneten und zum Schluß die geschmolzene Margarine darunterkneten.
4. Aus dem Teig zwei 35 Zentimeter lange Stangen formen. Die Baguettes auf ein mit Backtrennpapier ausgelegtes Backblech setzen, abdecken und an einem warmen Ort bis zur doppelten Größe aufgehen lassen.
5. Den Backofen auf 220° C vorheizen. Die Brote einige Male mit einem scharfen Messer schräg einritzen und auf der mittleren Schiene des Backofens etwa ½ Stunde backen.

1 Baguette enthält:
9 g Fett
25 g Eiweiß
122 g Kohlenhydrate
19 g Ballaststoffe
710 kcal

Tip
Stellen Sie ein feuerfestes, mit heißem Wasser gefülltes Gefäß während des Backens auf den Boden des Backofens – so geht das Gebäck besser auf.

Sesambrot

Zeit zum Gehen: ca. ¾ Std.
Zubereitungszeit: ca. ½ Std.
Backzeit: ca. ½ Std.

Für 1 Brot (ca. 20 Scheiben)

- 300 ml Buttermilch oder Molke
- 20 g Hefe
- 300 g feines Weizenvollkornmehl
- 75 g ungeschälter Sesam
- ½ TL Meersalz
- ¼ TL gemahlener Koriander
- 1 TL Diätmargarine zum Ausfetten
- etwas Weizenvollkornmehl zum Ausstreuen

1. Die Buttermilch oder die Molke ganz leicht erwärmen und die Hefe darin auflösen. Mit etwas Weizenvollkornmehl bestreuen und den Ansatz an einem warmen Ort 15 bis 20 Minuten gehen lassen.
2. Inzwischen den Sesam in einer heißen Pfanne ohne Fettzugabe leicht bräunen. 1 Eßlöffel davon zum Bestreuen des Brotes beiseite stellen.
3. Das restliche Mehl mit dem Meersalz, dem Koriander und dem Sesam unter den Teig kneten.
4. Den Brotteig zu einer Rolle formen und sie in eine gefettete, mit etwas Mehl ausgestreute Kastenform legen. Die Form mit einem Küchentuch abdecken und den Teig an einem warmen Ort bis zur doppelten Größe aufgehen lassen.
5. Den Backofen auf 200° C vorheizen und ein feuerfestes, mit heißem Wasser gefülltes Gefäß auf den Boden des Backofens stellen.
6. Das Brot mit Wasser bestreichen, mit dem beiseite gestellten Sesam bestreuen und auf der mittleren Schiene des Backofens 30 bis 40 Minuten backen. Wenn man auf die Unterseite des Brotes klopft und es hohl klingt, ist das Brot fertig gebacken.
7. Das Brot aus der Form stürzen und auf einem Kuchengitter auskühlen lassen.

1 Scheibe enthält:
2 g Fett
3 g Eiweiß
10 g Kohlenhydrate
2 g Ballaststoffe
80 kcal

Knäckebrot mit Frischkost

Keimzeit des Weizens: 2½–3 Tage
Zubereitungszeit: ca. ¼ Std.

Für 2 Personen

- 4 Scheiben Vollkornknäckebrot
- 2 TL Diätmargarine
- 3 EL saure Sahne
- etwas Zitronensaft
- wenig Meersalz
- frisch gemahlener Pfeffer
- 1 mittelgroße Möhre
- 100 g Kohlrabi
- 45 g Weizenkeimlinge (aus ca. 20 g Körnern; siehe auch Seite 126)
- 3 Mandeln
- etwas gehackte Zitronenmelisse

1. Die Knäckebrote mit der Margarine bestreichen.
2. Die saure Sahne mit etwas Zitronensaft verrühren und mit wenig Salz und Pfeffer würzen. Das geputzte Gemüse in die Sauce reiben, alles gut mischen und die Frischkost sofort auf den Knäckebroten verteilen.
3. Die Weizenkeimlinge gründlich waschen, abtropfen lassen und zusammen mit den gehackten Mandeln auf die Brote streuen. Mit Zitronenmelisse garnieren.

10 g Fett
5 g Eiweiß
19 g Kohlenhydrate
6 g Ballaststoffe
200 kcal

Vollkornbaguette mit Frischkäse

Zubereitungszeit: ca. 10 Min.

Für 2 Personen

- 60 g körniger Frischkäse
- 2 EL gehackte gemischte Kräuter (Schnittlauch, Petersilie, Basilikum, Borretsch und andere)
- 180 g Vollkornbaguette (Rezept Seite 18)
- 100 g Salatgurke
- Kräuter zum Garnieren

1. Den Frischkäse mit den Kräutern verrühren und das Baguette damit bestreichen.
2. Die Gurke in Scheiben schneiden, die Brote damit belegen und mit Kräutern garnieren.

6 g Fett
17 g Eiweiß
63 g Kohlenhydrate
10 g Ballaststoffe
400 kcal

Radieschenquark auf Vollkornbrot

Zubereitungszeit: ca. 10 Min.

Für 2 Personen

40 g Magerquark
2 EL fettarme Milch
wenig Kräutersalz
frisch gemahlener Pfeffer
4 Scheiben Roggenvollkornbrot
1 TL Diätmargarine
100 g Radieschen
1 EL Schnittlauchröllchen

1. Den Quark mit der Milch glattrühren und mit wenig Kräutersalz und Pfeffer abschmecken.
2. Die Brotscheiben zuerst mit der Diätmargarine, dann mit dem Quark bestreichen. Die Radieschen grob raspeln und auf dem Quark verteilen. Die Schnittlauchröllchen darüberstreuen.

4 g Fett
11 g Eiweiß
43 g Kohlenhydrate
9 g Ballaststoffe
270 kcal

Variation
Anstelle der Radieschen können Sie auch Rettichsprossen verwenden.

Fruchtiges Quarkbrot

Keimzeit der Hirse: ca. 3 Tage
Quellzeit der Feige: ca. ½ Std.
Zubereitungszeit: ca. 10 Min.

Für 2 Personen

1 getrocknete, ungeschwefelte Feige
10 Haselnüsse
60 g Magerquark
4 dünne Scheiben Roggenvollkornbrot
1 TL Diätmargarine
30 g Hirsekeimlinge (aus ca. 20 g Hirsekörnern; siehe auch Seite 126)

1. Die Feige etwa ½ Stunde in etwas Wasser quellen lassen, anschließend fein hakken oder pürieren.
2. Die Haselnüsse grob hakken und zusammen mit dem Quark unter das Feigenmus ziehen.
3. Die Brote zuerst mit der Diätmargarine, dann mit dem Frischkäse bestreichen und die Hirsekeimlinge darüberstreuen.

4 g Fett
10 g Eiweiß
28 g Kohlenhydrate
6 g Ballaststoffe
200 kcal

Tip
Verwenden Sie zum Keimen nur ungeschälte Hirse. Nur sie ist keimfähig.

Brot mit Aprikosencreme

Keimzeit der Sonnenblumenkerne: ca. 2 Tage
Quellzeit der Aprikosen: ca. ½ Std.
Zubereitungszeit: ca. 10 Min.

Für 2 Personen

- 2 ungeschwefelte Trockenaprikosen
- 50 ml Orangensaft
- 2 EL grobgehackte Haselnüsse
- 3 Scheiben Vollkornbrot
- 1 TL Diätmargarine
- 1 EL Sonnenblumenkeimlinge (aus ca. 10 g Kernen; siehe auch Seite 126)
- einige Blättchen Zitronenmelisse

1. Die Aprikosen etwa ½ Stunde im Orangensaft quellen lassen. Dann fein hacken oder pürieren und mit den Nüssen mischen.
2. Die Brotscheiben zuerst mit der Diätmargarine, dann mit dem Mus bestreichen. Die Sonnenblumenkeimlinge waschen, gut abtropfen lassen und darüberstreuen. Mit Zitronenmelisse garnieren.

4 g Fett
7 g Eiweiß
38 g Kohlenhydrate
8 g Ballaststoffe
230 kcal

Tip
Der Aufstrich hält sich im Kühlschrank mehrere Tage frisch.

Brötchen mit Camembert

Zubereitungszeit: ca. 5 Min.

Für 2 Personen

- 3 Fünfkorn-Vollkorn-Brötchen
- 1 TL Diätmargarine
- einige Salatblätter
- 60 g Camembert 30% Fett i. Tr.
- 2 Tomaten

1. Die Vollkornbrötchen halbieren und mit der Diätmargarine bestreichen.
2. Die Salatblätter auf die Brötchenhälften legen. Den in sehr dünne Scheiben geschnittenen Camembert darauf verteilen.
3. Die Tomaten in Scheiben schneiden und die Brötchen damit garnieren.

6 g Fett
13 g Eiweiß
33 g Kohlenhydrate
5 g Ballaststoffe
250 kcal

Tip
Ist der Camembert schon sehr weich, verrühren Sie ihn einfach mit der Margarine und streichen die Käsecreme auf die Brötchen.

Kiwi-Orangen-Müsli

Zubereitungszeit: ca. 1/4 Std.

Für 2 Personen

70 g grobe Haferflocken
125 g Joghurt 1,5% Fett
120 g Kiwi
1 kleine Orange
1 EL Kürbiskerne

1. Die Haferflocken unter den Joghurt rühren und etwa 10 Minuten quellen lassen.
2. Inzwischen die Früchte schälen, in Scheiben schneiden und das Müsli mit den Früchten und den Kürbiskernen garnieren.

6 g Fett
10 g Eiweiß
36 g Kohlenhydrate
5 g Ballaststoffe
260 kcal

Frischkornmüsli mit Trockenobst

Quellzeit: ca. 8 Std.
Zubereitungszeit: ca. 1/4 Std.

Für 2 Personen

60 g grobgeschroteter Weizen
1 ungeschwefelte getrocknete Frucht (Apfel oder Birne)
125 g Joghurt 1,5% Fett
etwas Zitronensaft
150 g Apfel
5 Walnußkerne oder 10 Haselnüsse

1. Das Getreide in 60 Milliliter Wasser und das kleingeschnittene Trockenobst in 40 Milliliter Wasser über Nacht quellen lassen.
2. Das Getreide unter den Joghurt mischen und alles mit etwas Zitronensaft abschmecken.
3. Den Apfel grob raspeln und sofort unter das Müsli mischen. Mit den Trockenfrüchten und den Nüssen garnieren.

5 g Fett
7 g Eiweiß
35 g Kohlenhydrate
6 g Ballaststoffe
220 kcal

Hirse-Melonen-Müsli

Zubereitungszeit: ca. ½ Std.

Für 2 Personen

- 60 g Hirse
- 1 EL Rosinen
- 125 g Dickmilch 1,5% Fett
- 1 EL ungesüßter Sanddornsaft
- etwas abgeriebene Schale einer unbehandelten Zitrone
- 240 g Wassermelone ohne Schale
- etwas frisch geriebener Ingwer
- 3 gehackte Walnußkerne

1. Die Hirse zuerst mit kaltem, dann mit warmem Wasser waschen. Mit etwa 120 Milliliter Wasser zum Kochen bringen und bei geringer Hitzezufuhr etwa 10 Minuten zugedeckt köcheln lassen.
2. Die gewaschenen Rosinen dazugeben. Dann auf der ausgeschalteten Herdplatte weitere 10 Minuten quellen lassen.
3. Inzwischen die Dickmilch mit dem Sanddornsaft und etwas Zitronenschale verrühren. Das Melonenfruchtfleisch in kleine Würfel schneiden und unter die Dickmilch heben.
4. Die Hirse mit einer Gabel auflockern. Den Ingwer und die Walnüsse daruntermischen und die Hirse zur Dickmilch essen.

5 g Fett
7 g Eiweiß
36 g Kohlenhydrate
5 g Ballaststoffe
230 kcal

Variation
Statt gedünsteter Hirse, Hirsekeimlinge verwenden.

Haferflocken mit Mango und Nüssen

Zubereitungszeit: ca. 10 Min.

Für 2 Personen

- 70 g Haferflocken
- ⅛ l fettarme Milch
- 180 g Mangofruchtfleisch
- 10 Haselnüsse

1. Die Haferflocken in einer Pfanne ohne Fettzugabe hellbraun anrösten und mit der Milch mischen.
2. Die Mango in kleine Würfel schneiden und dazugeben. Dann die gehackten Haselnüsse über das Müsli streuen.

4 g Fett
8 g Eiweiß
34 g Kohlenhydrate
4 g Ballaststoffe
220 kcal

Tip
Das Müsli sollten Sie nicht lange stehen lassen, da es sonst bitter schmeckt.

Weizenkeimlinge mit Erdbeeren und Banane

Keimzeit des Weizens:
2–3 Tage
Zubereitungszeit: ca. 10 Min.

Für 2 Personen

- 200 g Erdbeeren
- 1 Banane
- 125 g Buttermilch
- 120 g Weizenkeimlinge (aus ca. 50 g Körnern; siehe auch Seite 126)

1. Die gewaschenen Erdbeeren halbieren, sehr große vierteln.
2. Die Banane schälen, in Scheiben schneiden und zusammen mit den Erdbeeren unter die Buttermilch ziehen.
3. Die Weizenkeimlinge gut waschen, abtropfen lassen und über das Müsli streuen.

1 g Fett
5 g Eiweiß
23 g Kohlenhydrate
5 g Ballaststoffe
130 kcal

Dinkelkeimlinge mit Ananas

Keimzeit des Dinkels:
2–3 Tage
Zubereitungszeit: ca. 10 Min.

Für 2 Personen

- 180 g Ananasfruchtfleisch
- 60 g körniger Frischkäse
- 90 g Dinkelkeimlinge (aus ca. 40 g Körnern; siehe auch Seite 126)
- 6 Mandeln

1. Die Ananas in kleine Würfel schneiden und mit dem Frischkäse mischen.
2. Die Dinkelkeimlinge waschen, abtropfen lassen und zusammen mit den Mandeln über den Frischkäse streuen. Das Müsli rasch verzehren.

7 g Fett
8 g Eiweiß
14 g Kohlenhydrate
3 g Ballaststoffe
160 kcal

Variation
Anstelle der Dinkelkeimlinge kann man auch frisch gequetschte Weizenflocken verwenden.

Melone mit Blauschimmelkäse

Zubereitungszeit: ca. 10 Min.

Für 2 Personen

- 1 kleine Ogenmelone (ca. 300 g)
- 20 g Blauschimmelkäse 30% Fett i. Tr.
- einige eingelegte Pfefferkörner
- 4 schwarze Oliven
- 1 Pfefferminzzweig
- 3 Walnußkerne

1. Die Melone halbieren und die Kerne mit einem Löffel herausschaben.
2. Das Fruchtfleisch mit einem Kugelausstecher herauslösen und auf zwei Teller verteilen.
3. Den Blauschimmelkäse über die Melonenkugeln raspeln und alles mit den Pfefferkörnern, den Oliven, der Minze und den Walnüssen garnieren.

6 g Fett
4 g Eiweiß
10 g Kohlenhydrate
2 g Ballaststoffe
120 kcal

Tip
Die Ogenmelone ist eine Neuzüchtung aus Israel und zählt zur Gruppe der Honigmelonen.

Grapefruit mit Dattelmus

Zubereitungszeit: ca. 10 Min.

Für 2 Personen

- 3 getrocknete Datteln
- 2 EL gehackte Walnüsse
- 1 Msp. Delifruit
- 2 rosa Grapefruits
- einige Himbeeren

1. Die Datteln mit 1 Eßlöffel Wasser in eine Schale geben und pürieren oder mit dem Messer fein hacken.
Die Walnüsse unter das Mus mischen und alles mit Delifruit würzen.
2. Die Grapefruits schälen, halbieren, quer in Scheiben schneiden und auf zwei Teller anrichten. Das Dattelmus und einige Himbeeren darauf geben.

3 g Fett
1 g Eiweiß
14 g Kohlenhydrate
2 g Ballaststoffe
100 kcal

Beeren mit Frischkäse und Buchweizenflocken

Zubereitungszeit: ca. 10 Min.

Für 2 Personen

- 40 g Buchweizenflocken
- 80 g körniger Frischkäse
- 1 ungeschwefelte getrocknete Frucht (Aprikose, Feige, Dattel oder eine andere)
- 60 g schwarze Johannisbeeren
- 100 g Himbeeren
- etwas Zitronenmelisse

1. Die Buchweizenflocken in einer Pfanne ohne Fettzugabe leicht bräunen.
2. Inzwischen den Frischkäse mit der gehackten Trockenfrucht mischen und auf zwei Teller anrichten.
3. Den Frischkäse mit den Beeren und der Zitronenmelisse garnieren, die etwas abgekühlte Buchweizenflokken darüberstreuen.

2 g Fett
9 g Eiweiß
27 g Kohlenhydrate
7 g Ballaststoffe
180 kcal

Erdbeerjoghurt mit Weizenflocken

Zubereitungszeit: ca. 10 Min.

Für 2 Personen

- 250 g Joghurt 1,5% Fett
- etwas abgeriebene Schale einer unbehandelten Zitrone
- 1 Msp. gemahlene Vanille
- 200 g Erdbeeren
- 40 g Weizenflocken
- 3 gehackte Walnußkerne

1. Den Joghurt mit etwas Zitronenschale und der Vanille verrühren.
2. Die gewaschenen und geviertelten Erdbeeren darauf verteilen und mit den Weizenflocken und den Walnüssen bestreuen.

5 g Fett
9 g Eiweiß
24 g Kohlenhydrate
5 g Ballaststoffe
190 kcal

Gefüllte Tomate

Zubereitungszeit: ca. 20 Min.

Für 2 Personen

2 Fleischtomaten
30 g Magerquark
2 EL saure Sahne
1 TL Distelöl
1 TL Senf
1 TL Zitronensaft
wenig Meersalz
frisch gemahlener Pfeffer
2 kalte gekochte Kartoffeln
2 Schalotten
50 g Champignons
50 g Salatgurke
¼ Bund Dill

1. Von den gewaschenen Tomaten einen Deckel abschneiden. Das Fruchtfleisch mit einem Löffel herausnehmen und anderweitig verwenden, zum Beispiel für eine Sauce.
2. Den Quark, die saure Sahne, das Öl und den Senf mit dem Zitronensaft verrühren. Mit wenig Salz und Pfeffer abschmecken.
3. Die Kartoffeln und die Schalotten schälen und beides ganz fein würfeln. Die Champignons putzen und mit einem in Zitronensaft getränkten Tuch abreiben. Die Gurke schälen, halbieren und in feine Scheiben schneiden.
4. Das Gemüse unter die Quarksauce ziehen, alles nochmals abschmecken, in die Tomaten füllen und mit Dillzweigen garnieren.

5 g Fett
6 g Eiweiß
20 g Kohlenhydrate
5 g Ballaststoffe
160 kcal

Avocado mit Kürbis-Apfel-Salat

Keimzeit der Kürbiskerne: 2–3 Tage
Zubereitungszeit: ca. 20 Min.

Für 2 Personen

2 EL Joghurt 1,5% Fett
etwas Zitronensaft
50 g Apfel
50 g Kürbis
frisch geriebener Ingwer
1 EL Sojasauce
frisch gemahlener Pfeffer
wenig Meersalz
1 Avocado
2 große Blätter Radicchiosalat
1 EL Kürbiskernkeimlinge (aus ca. ½ EL Kernen; siehe auch Seite 126)

1. Den Joghurt mit etwas Zitronensaft verrühren.
2. Das Apfelfruchtfleisch in feine Streifen schneiden und sofort unter den Joghurt mischen. Das Kürbisfleisch in den Apfelsalat raspeln.
3. Den Salat mit Ingwer, Sojasauce, Pfeffer und wenig Meersalz abschmecken.
4. Die Avocado schälen, halbieren und den Kern entfernen. Das Fruchtfleisch mit etwas Zitronensaft beträufeln. Den Radicchio putzen und auf zwei Teller legen.
5. Den Salat nochmals abschmecken und auf die Radicchioblätter geben. Die Avocadohälften in Scheiben schneiden und den Salat damit garnieren.
6. Die Kürbiskernkeimlinge waschen, abtropfen lassen und über den Salat streuen.

18 g Fett
5 g Eiweiß
8 g Kohlenhydrate
3 g Ballaststoffe
220 kcal

Tip
Dazu paßt Sesambrot (Rezept Seite 18).

Gefüllter Fenchel mit Gemüsevinaigrette

Zubereitungszeit: ca. 25 Min.

Für 2 Personen

Für den Fenchel:
1 Fenchelknolle

Für die Gemüsevinaigrette:
wenig Meersalz
1–2 TL Sherryessig
1 EL Distelöl
frisch gemahlener Pfeffer
je ½ TL feingewürfelten roten Paprika, Zwiebel, Pastinaken und Lauch

Außerdem:
50 g Magerquark
30 g fettreduzierter Kräuterfrischkäse
wenig Kräutersalz
einige Radicchioblätter
1 TL frisch gehackte Petersilie

1. Von der Fenchelknolle sechs Blätter lösen und diese in kochendem, wenig gesalzenem Wasser bißfest blanchieren. Sofort in Eiswasser abkühlen lassen und troktupfen. Etwas Fenchelgrün fein hacken.
2. Für die Vinaigrette wenig Meersalz im Sherryessig auflösen. Das Öl dazurühren und alles mit Pfeffer würzen.
3. Anschließend die Gemüsewürfel unter die Salatsauce ziehen.
4. Den Quark mit dem Frischkäse und dem Fenchelgrün verrühren. Die Fenchelblätter mit wenig Kräutersalz würzen und die Frischkäsecreme darauf spritzen.
5. Die gefüllten Fenchelblätter auf den vorbereiteten Radicchioblättern anrichten. Die Gemüsevinaigrette über das Gemüse ziehen und alles mit der Petersilie bestreuen.

6 g Fett
8 g Eiweiß
5 g Kohlenhydrate
3 g Ballaststoffe
110 kcal

Tip
Dazu passen sehr gut Vollkornsesambrötchen.
Pastinaken ist eine gelb- bis weißfleischige Wurzelrübe. Sie ist etwas größer als eine Möhre.

Auberginencreme mit Basilikum und Tomaten

Zubereitungszeit: ca. ½ Std.

Für 2 Personen

½ mittelgroße Aubergine
etwas Zitronensaft
wenig Kräutersalz
1 Knoblauchzehe
wenig Meersalz
¼ Bund Basilikum
1 Tomate
1 EL kaltgepreßtes Sonnenblumenöl
frisch gemahlener Pfeffer

1. Die Aubergine in Scheiben schneiden, mit etwas Zitronensaft beträufeln, mit wenig Kräutersalz würzen und 10 Minuten ziehen lassen.
2. Dann die Auberginenscheiben in einer heißen Pfanne oder im Backofen bei 240°C 10 bis 15 Minuten backen, bis sie weich sind, anschließend gut abkühlen lassen.
3. Inzwischen die Knoblauchzehe schälen und mit einer Prise Salz zerdrücken. Die Basilikumblätter fein hacken. Die Tomate in kleine Würfel schneiden.
4. Das Auberginenfleisch mit etwas Zitronensaft pürieren, dabei tropfenweise das Sonnenblumenöl hineingeben.
5. Nun die Tomatenwürfel, den Knoblauch und das Basilikum unter die Creme heben und sie kräftig mit Kräutersalz und Pfeffer würzen.

5 g Fett
1 g Eiweiß
3 g Kohlenhydrate
1 g Ballaststoffe
60 kcal

Tip
Die Creme auf Sesamfladenbrot streichen.

Griechischer Gurkenjoghurt

Zubereitungszeit: ca. 10 Min.

Für 2 Personen

1 Knoblauchzehe
wenig Meersalz
50 g Magerquark
100 g Joghurt 1,5% Fett
frisch gemahlener Pfeffer
1 EL Sonnenblumenöl
etwas Obstessig
½ Salatgurke
¼ Bund gehackter Dill

1. Die Knoblauchzehe schälen und mit wenig Salz zerdrücken. Mit dem Quark und dem Joghurt verrühren.
2. Die Joghurtspeise mit wenig Salz, Pfeffer, Öl und Essig pikant abschmecken.
3. Von der geschälten Gurke einige Scheiben zum Garnieren beiseite legen. Die restliche Gurke auf der groben Gemüsereibe sofort in die Joghurtspeise raspeln.
4. Den Dill darunterheben und den Joghurt mit den Gurkenscheiben garnieren.

6 g Fett
5 g Eiweiß
4 g Kohlenhydrate
1 g Ballaststoffe
100 kcal

Tip
Dazu paßt Fladenbrot.

Würziger Hirseaufstrich

Zubereitungszeit: ca. ½ Std.

Für 4 Personen

80 g Hirse
160 ml Gemüsebrühe (Rezept Seite 52)
1 kleine Zwiebel
100 g frische Champignons
etwas Zitronensaft
1 TL Öl
40 g Diätmargarine
einige eingelegte grüne Pfefferkörner
frisch gehackter Majoran
frisch gehackter Thymian
wenig Kräutersalz
Hefeflocken nach Geschmack

1. Die Hirse zuerst mit warmem, dann mit kaltem Wasser waschen. Danach die Hirse mit der Gemüsebrühe zum Kochen bringen und zugedeckt bei geringer Hitzezufuhr etwa 10 Minuten köcheln lassen.
2. Dann auf dem ausgeschalteten Herd weitere 10 Minuten ausquellen lassen.
3. Inzwischen die Zwiebel schälen und fein würfeln. Die Champignons putzen, in Scheiben schneiden und mit Zitronensaft beträufeln.
4. Die Zwiebelwürfel im mäßig heißen Öl dünsten. Dann die Champignons etwa 5 Minuten mitdünsten und anschließend abkühlen lassen.
5. Inzwischen die Margarine cremig rühren, die Pfefferkörner dazugeben und alles kräftig mit Kräutern und Gewürzen, aber mit nur wenig Salz und eventuell Hefeflocken abschmecken.
6. Die Zwiebel-Champignon-Mischung pürieren und unter die Margarine rühren. Die gequollene Hirse mit einer Gabel auflockern und ebenfalls dazugeben. Den Aufstrich nochmals pikant abschmecken.

12 g Fett
3 g Eiweiß
14 g Kohlenhydrate
2 g Ballaststoffe
180 kcal

Tip
Ist der Aufstrich zu fest, so kann man noch 1 bis 2 Eßlöffel saure Sahne daruntermischen.

Eingelegter Schafskäse

Zubereitungszeit: ca. 1/4 Std.
Zeit zum Durchziehen: ca. 8 Std.

Für 2 Personen

- 1 EL Weinessig
- 3 EL Gemüsebrühe (Rezept Seite 52)
- 4 EL kaltgepreßtes Sonnenblumenöl
- 1 Knoblauchzehe
- 1 kleine rote Zwiebel
- 100 g rote Paprikaschote
- 100 g frischer Schafskäse
- 2 schwarze Oliven
- 1 Zweig Thymian
- 1 Zweig Basilikum
- etwas Rosmarin
- einige eingelegte grüne Pfefferkörner

1. Den Essig mit der Gemüsebrühe in eine Schüssel geben und das Öl darunterschlagen.
2. Die Knoblauchzehe und die Zwiebel schälen. Den Knoblauch zerdrücken und mit der Marinade mischen.
3. Die Zwiebel in Ringe schneiden, die Paprikaschote und den Schafskäse grob würfeln.
4. Das Gemüse, den Käse, die Oliven und die Kräuter schichtweise in ein schmales Glas füllen. Die Pfefferkörner darüberstreuen.
5. Die Marinade darübergießen, das Glas verschließen und den Käse über Nacht durchziehen lassen.

16 g Fett
10 g Eiweiß
5 g Kohlenhydrate
1 g Ballaststoffe
210 kcal

Tip
Dazu paßt kräftiges Roggenvollkornbrot. Nehmen Sie den Käse vor dem Servieren aus der Marinade, und lassen Sie ihn gut abtropfen.

Forellencreme auf Vollkornbaguette

Zubereitungszeit: ca. ½ Std.

Für 2 Personen

50 g Magerquark
1 TL Zitronensaft
1 TL feingeriebener Meerrettich
150 g geräuchertes Forellenfilet
frisch gemahlener Pfeffer
wenig Kräutersalz
1 Vollkornbaguette (Rezept Seite 18)
1 kleine rote Zwiebel
6 Kirschtomaten
2 Dillzweige

1. Den Magerquark mit dem Zitronensaft und dem Meerrettich verrühren.
2. Das Forellenfilet im Mixer oder mit einem Küchenmesser sehr fein hacken und unter den Quark mischen. Mit Pfeffer und wenig Kräutersalz abschmecken.
3. Das Vollkornbaguette in 12 Scheiben schneiden und mit der Forellencreme bestreichen.
4. Die Zwiebel schälen und in feine Ringe schneiden. Die Kirschtomaten waschen und halbieren.
5. Die Brötchen mit den Zwiebelringen, den Tomatenhälften und kleinen Dillzweigen garnieren.

8 g Fett
40 g Eiweiß
64 g Kohlenhydrate
11 g Ballaststoffe
530 kcal

Tomaten-Vollkorn-Taschen

Zubereitungszeit: ca. 25 Min.
Backzeit: ca. 20 Min.

Für 8 Stück

1 Grundrezept Vollkornquarkblätterteig (Rezept Seite 123)
8 kleine Tomaten
wenig Kräutersalz
½ Bund Basilikum
1 EL fettarme Milch

1. Den Backofen auf 220°C vorheizen. Den Blätterteig zwischen zwei Stück Alufolie etwa 40 mal 20 Zentimeter groß und etwa 3 Millimeter dick ausrollen. Die Teigplatte in 8 Quadrate teilen.
2. Die Tomaten vom Stielansatz befreien, mit wenig Kräutersalz würzen und auf die Teigstücke setzen.
3. Das Basilikum waschen und trockentupfen. Jede Tomate mit 2 bis 4 Basilikumblättern spicken.
4. Die Teigecken über die Tomaten schlagen und die Taschen auf ein Blech mit Backtrennpapier setzen. Mit etwas Milch bestreichen.
5. Die Tomatentaschen bei 220°C im Backofen etwa 10 Minuten backen, dann bei 180°C in 10 Minuten fertigbacken.

13 g Fett
5 g Eiweiß
16 g Kohlenhydrate
3 g Ballaststoffe
210 kcal

Käse-Lauch-Taschen

Zubereitungszeit: ca. 25 Min.
Backzeit: ca. 25 Min.

Für 8 Stück

2 große Lauchstangen
4 EL Gemüsebrühe (Rezept Seite 52)
wenig Kräutersalz
frisch gemahlener Pfeffer
100 g Magerquark
1 EL geriebener Gouda 45% Fett i. Tr.
1 Eiweiß
1 Grundrezept Vollkorn-Quarkblätterteig (Rezept Seite 123)
1 EL fettarme Milch

1. Die Lauchstangen putzen, halbieren und unter fließendem Wasser abwaschen. Vierteln und in der Gemüsebrühe bißfest dünsten. Mit Salz und Pfeffer würzen und abkühlen lassen.

2. Inzwischen den Magerquark mit dem Käse und dem Eiweiß verrühren. Den Backofen auf 220°C vorheizen. Den Blätterteig zwischen zwei Stück Alufolie etwa 40 mal 20 Zentimeter groß und etwa 3 Millimeter dick ausrollen und in 8 Quadrate teilen.

3. Die Lauchstücke abtropfen lassen und auf die Teigstücke verteilen. Die Käsemischung darauf geben und die Teigstücke zusammenklappen. Die Teigränder mit einer Gabel zusammendrücken.

4. Die Taschen mit Milch bestreichen und im Backofen etwa 25 Minuten backen.

14 g Fett
8 g Eiweiß
16 g Kohlenhydrate
3 g Ballaststoffe
230 kcal

Orangentrunk

Zubereitungszeit: ca. 5 Min.

Für 2 Personen

250 g Buttermilch
100 ml frisch gepreßter Orangensaft
3 gehackte Walnußkerne

Die Buttermilch und den Orangensaft in einen Mixer geben und kurz mixen. Den Drink mit den Walnüssen bestreuen und sofort servieren.

3 g Fett
6 g Eiweiß
15 g Kohlenhydrate
2 g Ballaststoffe
120 kcal

Mandelmilch

Zubereitungszeit: ca. 5 Min.

Für 2 Personen

1 EL Rosinen
¼ l fettarme Milch
25 g Mandelmus
etwas gemahlene Vanille

Die Rosinen mit etwas Milch pürieren. Das Mandelmus, die Vanille und die restliche Milch dazugeben, mixen und in zwei Gläser füllen.

9 g Fett
7 g Eiweiß
14 g Kohlenhydrate
2 g Ballaststoffe
170 kcal

Erdbeer-Kefir-Mix

Zubereitungszeit: ca. 10 Min.

Für 2 Personen

125 g Erdbeeren
300 ml Kefir 1,5% Fett
2 EL Honig
1 Msp. gemahlene Vanille
1 Msp. abgeriebene Schale einer unbehandelten Zitrone
2 Zweige Zitronenmelisse
1 gehackte Paranuß

1. Die Erdbeeren waschen, putzen und pürieren.
2. Den Kefir, den Honig und die Vanille dazugeben und aufmixen. In zwei hohe Cocktailgläser füllen und mit etwas Zitronenschale und den Zitronenmelissezweigen garnieren. Die Paranuß darüberstreuen.

6 g Fett
6 g Eiweiß
18 g Kohlenhydrate
2 g Ballaststoffe
160 kcal

SALATE

Ein frischer Salat sollte täglich auf Ihrem Speisezettel stehen, denn er liefert viele wichtige Vitamine und Ballaststoffe. Geeignet sind alle Gemüse- und Salatsorten, die Sie immer wieder neu miteinander kombinieren und mit verschiedenen Dressings zubereiten können. Nehmen Sie dazu wertvolle kaltgepreßte Öle, und probieren Sie das reiche Angebot an aromatischen Essigsorten aus. Auch ein leichtes Joghurtdressing ist zu empfehlen. Mayonnaise dagegen enthält viel Eigelb und auch viel Fett.
Die Salate auf den folgenden Seiten können als erfrischende Vorspeise bei einem Menü gereicht werden, eventuell zusammen mit einem belegten Brot eine kleine Mahlzeit ersetzen oder auch Begleiter eines Hauptgangs sein.

Chinakohl in Orangensauce

Zubereitungszeit: ca. 1/4 Std.

Für 2 Personen

wenig Meersalz
1 EL Zitronensaft
4 EL saure Sahne
1 EL frisch gehackter Estragon
1 EL frisch gehackte Zitronenmelisse
etwas frisch geriebener Meerrettich
frisch gemahlener Pfeffer
1 EL Pinienkerne
1 große Orange
1 kleiner Kopf Radicchiosalat
200 g Chinakohl
einige Estragonzweige

1. Ein wenig Meersalz unter ständigem Rühren im Zitronensaft auflösen. Die saure Sahne, die Kräuter und den Meerrettich darunterrühren und die Sauce mit dem Pfeffer abschmecken.
2. Die Pinienkerne ohne Fettzugabe in einer heißen Pfanne leicht bräunen.
3. Die Orange schälen und filetieren, den dabei austretenden Saft unter die Sauce mischen.
4. Den Radicchio in einzelne Blätter zerteilen, diese waschen, trockenschleudern und auf zwei Tellern dekorativ anrichten.
5. Den Chinakohl in sehr feine Streifen schneiden, mit den Orangenfilets mischen und auf den Radicchioblättern anrichten.
6. Die Sauce über den Salat geben, mit den gerösteten Pinienkernen bestreuen und mit Estragonzweigen garnieren.

6 g Fett
4 g Eiweiß
7 g Kohlenhydrate
2 g Ballaststoffe
100 kcal

Feldsalat mit Roggenkeimlingen

Keimzeit des Roggens: 2–3 Tage
Zubereitungszeit: ca. 1/4 Std.

Für 2 Personen

wenig Meersalz
1 EL Rotweinessig
1 EL Walnußöl
frisch gemahlener Pfeffer
2 Schalotten
1 kleine Knoblauchzehe
100 g Feldsalat
2 Tomaten
90 g Roggenkeimlinge (aus ca. 40 g Körnern; siehe auch Seite 126)
1 EL Schnittlauchröllchen
1 EL saure Sahne

1. Ein wenig Meersalz unter ständigem Rühren im Rotweinessig auflösen. Das Öl darunterschlagen und die Sauce mit Pfeffer würzen.
2. Die Schalotten und die Knoblauchzehe schälen, sehr fein hacken und unter die Sauce mischen.
3. Den Feldsalat putzen, waschen und trockenschleudern. Die Tomaten vom Stielansatz befreien und fein würfeln.
4. Den Feldsalat mit den Tomatenwürfeln unter die Sauce mischen und auf zwei Teller anrichten.
5. Die gewaschenen Roggenkeimlinge mit den Schnittlauchröllchen auf den Salat streuen und mit der sauren Sahne verzieren.

6 g Fett
3 g Eiweiß
10 g Kohlenhydrate
3 g Ballaststoffe
110 kcal

Möhren-Weißkohl-Frischkost

Keimzeit der Sonnenblumenkerne: ca. 2 Tage
Zubereitungszeit: ca. ½ Std.

Für 2 Personen

125 g Joghurt 1,5% Fett
etwas Zitronensaft
1 EL kaltgepreßtes Sonnenblumenöl
frisch gemahlener Pfeffer
150 g Weißkohl
wenig Meersalz
½ Kopf Eichblattsalat
150 g Möhren
½ Apfel
50 g Sonnenblumenkeimlinge (aus ca. 25 g Kernen; siehe auch Seite 126)
etwas Kerbel

1. Den Joghurt mit etwas Zitronensaft verrühren. Das Öl darunterschlagen und die Sauce mit Pfeffer würzen.
2. Den Weißkohl sehr fein hobeln, mit wenig Meersalz verkneten und etwa ¼ Stunde ziehen lassen.
3. In der Zwischenzeit den Eichblattsalat verlesen, waschen, trockenschleudern und die Blätter auf zwei Teller anrichten.
4. Die Möhren und den Apfel grob raspeln und zusammen mit dem Weißkohl unter die Sauce mischen. Nochmals abschmekken und auf dem vorbereiteten Eichblattsalat anrichten.
5. Die gewaschenen, abgetropften Sonnenblumenkeimlinge auf dem Salat verteilen und mit etwas Kerbel garnieren.

7 g Fett
5 g Eiweiß
12 g Kohlenhydrate
5 g Ballaststoffe
140 kcal

Gurkensalat mit Radieschenkeimlingen

Keimzeit des Radieschensamens: 3–4 Tage
Zubereitungszeit: ca. ¼ Std.

Für 2 Personen

300 g Salatgurke
wenig Kräutersalz
etwas Zitronensaft
125 g Joghurt 1,5% Fett
1 EL kaltgepreßtes Sonnenblumenöl
1 Msp. Cayennepfeffer
40 g Edamer 30% Fett i. Tr.
1 Pekanuß
30 g Radieschenkeimlinge (aus ca. 10 g Samen; siehe auch Seite 126)

1. Die Salatgurke schälen, in Scheiben schneiden und auf zwei Teller verteilen.
2. Für die Sauce ein wenig Kräutersalz in Zitronensaft auflösen. Den Joghurt und das Öl darunterschlagen und mit wenig Cayennepfeffer würzen. Die Sauce über die Gurkenscheiben gießen.
3. Den Edamer in feine Streifen schneiden. Die Nuß grob hacken und beides über den Salat geben.
4. Die Radieschenkeimlinge waschen, abtropfen lassen und den Gurkensalat damit garnieren.

10 g Fett
6 g Eiweiß
6 g Kohlenhydrate
1 g Ballaststoffe
140 kcal

Tip
Wenn Sie zum Gurkensalat Vollkornbrot essen, dann wird daraus eine vollständige Mahlzeit.

Spinat-Brennessel-Frischkost

Keimzeit des Senfs:
2–3 Tage
Zubereitungszeit: ca. 10 Min.

Für 2 Personen

1 kleine rote Zwiebel
1 kleine Knoblauchzehe
1 TL Olivenöl
1 EL Kräuteressig
wenig Kräutersalz
frisch gemahlener Pfeffer
1 EL kaltgepreßtes Sonnenblumenöl
150 g junger Spinat
50 g Brennesselspitzen
10 g Senfgrün (aus ca. 5 g Samen; siehe auch Seite 126)

1. Die Zwiebel und die Knoblauchzehe schälen und fein würfeln. Beides im mäßig heißen Olivenöl glasig dünsten.
2. Mit dem Essig ablöschen, mit wenig Kräutersalz und Pfeffer würzen.
3. Das Öl unter die Zwiebelmischung rühren und den geputzten Spinat und die Brennesselspitzen darunterheben.
4. Den Salat auf zwei Teller verteilen und mit dem Senfgrün garnieren.

12 g Fett
4 g Eiweiß
3 g Kohlenhydrate
3 g Ballaststoffe
140 kcal

Topinambur-Rotkohl-Frischkost

Zubereitungszeit: ca. 20 Min.

Für 2 Personen

125 g Joghurt 1,5% Fett
1 TL kaltgepreßtes Sonnenblumenöl
etwas Zitronensaft
frisch gemahlener Pfeffer
frisch geriebener Ingwer
100 g Rotkohl
wenig Meersalz
100 g Kürbisfruchtfleisch
½ Apfel
100 g Topinambur (siehe Tip Seite 49), 50 g Feldsalat
10 Haselnüsse, Dillzweige

1. Den Joghurt mit Öl und etwas Zitronensaft verrühren und mit Pfeffer und Ingwer pikant abschmecken.
2. Den Rotkohl sehr fein hobeln und mit wenig Meersalz verkneten.
3. Den Kürbis und den Apfel in Würfel schneiden, die Topinambur grob raspeln und alles sofort unter die Sauce heben.
4. Den Feldsalat putzen, waschen, trockenschleudern, auf zwei Teller anrichten.
5. Den Rotkohl locker unter den Salat mischen. Das Ganze nochmals abschmecken. Auf dem Feldsalat anrichten und mit den Nüssen und den Dillspitzen garnieren.

5 g Fett
6 g Eiweiß
11 g Kohlenhydrate
9 g Ballaststoffe
120 kcal

Gemüsesalat mit Erbsenkeimlingen

Keimzeit der Erbsen: ca. 3 Tage
Zubereitungszeit: ca. ¼ Std.
Zeit zum Durchziehen: ca. ½ Std.

Für 2 Personen

- 1 kleine Knoblauchzehe
- wenig Kräutersalz
- 1 EL Obstessig
- 2 EL kaltgepreßtes Sonnenblumenöl
- frisch gemahlener Pfeffer
- 1 EL frisch gehacktes Basilikum
- 150 g Erbsenkeimlinge (aus ca. 75 g Samen; siehe auch Seite 126)
- 1 kleine rote Zwiebel
- 50 g rote Paprikaschote
- 50 g grüne Paprikaschote
- 70 g frische oder tiefgekühlte Maiskörner
- 1 große Tomate
- einige Basilikumblätter

1. Die Knoblauchzehe schälen und mit wenig Kräutersalz zu einer Paste zerreiben. Den Obstessig dazugeben und so lange rühren, bis sich das Salz aufgelöst hat. Das Öl darunterschlagen und die Marinade mit Pfeffer und Basilikum kräftig abschmecken.
2. Die Erbsenkeimlinge etwa 1 Minute in kochendem Wasser blanchieren, dann kalt abschrecken und in die Marinade geben. Etwa ½ Stunde durchziehen lassen.
3. Inzwischen die Zwiebel schälen und in Ringe schneiden. Die Paprikaschoten in sehr feine Streifen schneiden und zusammen mit der Zwiebel und dem Mais unter den Salat mischen.
4. Die Tomate vom Stielansatz befreien und achteln. Den Salat nochmals abschmecken, dann mit den Tomatenecken und den Basilikumblättern garnieren.

11 g Fett
9 g Eiweiß
31 g Kohlenhydrate
6 g Ballaststoffe
280 kcal

Staudensellerie mit Walnußsauce

Keimzeit des Weizens: 2–3 Tage
Zubereitungszeit: ca. 1/4 Std.

Für 2 Personen

- 30 g Blauschimmelkäse 30% Fett i. Tr.
- 125 g Dickmilch 1,5% Fett
- etwas Zitronensaft
- wenig Meersalz
- frisch gemahlener weißer Pfeffer
- 1 kleiner Kopf Radicchiosalat
- 300 g Staudensellerie mit etwas Grün
- 200 g Grapefruit mit Schale
- 90 g Weizenkeimlinge (aus ca. 40 g Körnern; siehe auch Seite 126)
- 5 Walnußkerne

1. Den Käse zusammen mit der Dickmilch und etwas Zitronensaft pürieren. Mit wenig Salz und Pfeffer abschmecken.
2. Den Radicchio in die einzelnen Blätter zerteilen, sie waschen, trockenschleudern und auf zwei Teller verteilen.
3. Die Selleriestangen in sehr feine Streifen schneiden. Die Grapefruit schälen, filetieren und mit dem Sellerie mischen. Alles auf den vorbereiteten Salatblättern anrichten.
4. Die Käsesauce darüberziehen und den Salat mit den gut gewaschenen, abgetropften Weizenkeimlingen, den grobgehackten Walnußkernen und dem Selleriegrün garnieren.

11 g Fett
10 g Eiweiß
18 g Kohlenhydrate
4 g Ballaststoffe
230 kcal

Kohlrabi-Melonen-Frischkost

Keimzeit des Alfalfa: 7–8 Tage
Zubereitungszeit: ca. 1/4 Std.

Für 2 Personen

- 125 g Joghurt 1,5% Fett
- etwas Zitronensaft oder Obstessig
- wenig Meersalz
- frisch gemahlener Pfeffer
- 200 g Kohlrabi (die zarten Blätter des Kohlrabi beiseite legen)
- 160 g Wassermelone ohne Schale
- 1 EL Kürbiskerne
- 50 g Alfalfakeimlinge (aus ca. 10 g Samen; siehe auch Seite 126)

1. Den Joghurt mit etwas Zitronensaft oder Essig verrühren, dann mit wenig Meersalz und Pfeffer abschmecken.
2. Den Kohlrabi in sehr dünne Scheiben schneiden, auf zwei Teller verteilen und mit der Sauce überziehen.
3. Die Melone grob würfeln und zusammen mit den Kürbiskernen auf dem Salat verteilen.
4. Die Alfalfakeimlinge waschen, trockenschleudern und kreisförmig auf dem Salat anrichten. Mit kleinen Kohlrabiblättern garnieren.

4 g Fett
6 g Eiweiß
11 g Kohlenhydrate
3 g Ballaststoffe
110 kcal

Staudensellerie mit Lachs

Zubereitungszeit: ca. 20 Min.

Für 2 Personen

- wenig Meersalz
- etwas Zitronensaft
- frisch gemahlener Pfeffer
- frisch geriebener Meerrettich
- 1 Orange
- 1 EL kaltgepreßtes Sonnenblumenöl
- 200 g Staudensellerie
- 3 EL saure Sahne
- 4 Scheiben Vollkornbrot
- 60 g Gravad Lachs (gebeizter roher Lachs)
- einige Dillspitzen

1. Ein wenig Meersalz unter ständigem Rühren in etwas Zitronensaft auflösen. Die Marinade mit Pfeffer und geriebenem Meerrettich abschmecken.
2. Die Orange schälen, filetieren und den dabei austretenden Saft zusammen mit dem Öl unter die Marinade schlagen.
3. Den geputzten Staudensellerie in sehr feine Streifen schneiden und zusammen mit den Orangenfilets unter die Marinade heben.
4. Die Vollkornbrote mit der sauren Sahne bestreichen. Leicht salzen und pfeffern.
5. Die Brote mit dem hauchdünn geschnittenen Lachs belegen und mit den Dillspitzen garnieren. Die Brote zum Salat essen.

9 g Fett
15 g Eiweiß
45 g Kohlenhydrate
10 g Ballaststoffe
340 kcal

Variation
Wer möchte, kann den Salat noch mit Weizenkeimlingen bestreuen.

Fenchelsalat mit Lachs

Zubereitungszeit: ca. 20 Min.

Für 2 Personen

wenig Meersalz
125 g Joghurt 1,5% Fett
Currypulver
frisch gemahlener Pfeffer
etwas Zitronensaft
200 g Fenchel
½ Kopf Friséesalat
3 Mandarinen
50 g geräucherter Lachs
einige Dillspitzen

1. Ein wenig Meersalz im Joghurt unter ständigem Rühren auflösen. Die Sauce mit Curry, Pfeffer und Zitronensaft abschmecken.
2. Den Fenchel in sehr feine Streifen schneiden und sofort unter die Sauce mischen.
3. Den Friséesalat zerpflükken, waschen und trockenschleudern. Auf zwei Teller anrichten.
4. Den Fenchelsalat nochmals abschmecken und auf den Friséesalat geben.
5. Die Mandarinen schälen, in die einzelnen Spalten teilen und diese auf den Salat setzen.
6. Den Salat mit den zusammengerollten Lachsscheiben und Dillspitzen garnieren.

6 g Fett
12 g Eiweiß
12 g Kohlenhydrate
4 g Ballaststoffe
170 kcal

Tip
Essen Sie dazu Vollkornbrot oder -baguette.

Bohnensalat mit Thunfisch

Quellzeit der Bohnen: ca. 8 Std.
Zubereitungszeit: ca. 1¼ Std.

Für 2 Personen

75 g weiße Bohnenkerne
¼ l Gemüsebrühe (Rezept Seite 52)
wenig Meersalz
2 EL Obstessig
200 g frischer Thunfisch (1 große Scheibe)
etwas Zitronensaft
wenig Kräutersalz
frisch gemahlener Pfeffer
1 TL Olivenöl
1 EL kaltgepreßtes Sonnenblumenöl
1 kleine rote Zwiebel
1 große Tomate
100 g Salatgurke
einige Dillspitzen

1. Die verlesenen, gewaschenen Bohnenkerne etwa 8 Stunden oder über Nacht in gut ½ Liter Wasser quellen lassen.
2. Die Gemüsebrühe angießen, zum Kochen bringen und die Bohnen zugedeckt bei nur geringer Hitzezufuhr in etwa 1 Stunde weichkochen.
3. Kurz vor dem Ende der Garzeit mit wenig Meersalz würzen, übrige Flüssigkeit abgießen und die Bohnen mit dem Obstessig kräftig säuern. Dann abkühlen lassen.
4. Den Thunfisch waschen, trockentupfen, mit Zitronensaft beträufeln und kurz ziehen lassen. Dann sparsam salzen, doch kräftig pfeffern.
5. Den Fisch im mäßig heißen Olivenöl von beiden Seiten je nach Stärke zwischen 4 und 5 Minuten braten.
6. Inzwischen wenig Kräutersalz unter ständigem Rühren in etwas Zitronensaft auflösen. Das Sonnenblumenöl darunterschlagen und die Sauce mit Pfeffer abschmecken. Ein Drittel der Marinade unter die Bohnen mischen.
7. Die Zwiebel schälen, in Ringe schneiden, die Tomate und die Gurke in Scheiben schneiden und alles unter die restliche Marinade ziehen.
8. Den Thunfisch von Haut und Gräten befreien, zerteilen und zusammen mit den Bohnenkernen auf zwei Teller anrichten. Die Gemüsesauce darübergeben und mit den Dillspitzen garnieren.

17 g Fett
42 g Eiweiß
38 g Kohlenhydrate
19 g Ballaststoffe
510 kcal

Bohnensalat mit Weizenkeimlingen

Keimzeit des Weizens:
2–3 Tage
Zubereitungszeit: ca. ½ Std.
Zeit zum Durchziehen:
ca. 20 Min.

Für 2 Personen

- 1 kleine Zwiebel
- 1 TL Olivenöl
- 200 g grüne Bohnen
- 2 Zweige Bohnenkraut
- 50 ml ungesalzene Gemüsebrühe (Rezept Seite 52)
- 1 große Tomate
- 1 kleine Knoblauchzehe
- wenig Kräutersalz
- 1 EL Obstessig
- etwas Senf
- 2 EL kaltgepreßtes Sonnenblumenöl
- 2 EL frisch gehackte Kräuter (Schnittlauch, Petersilie, Estragon, Dill, Kerbel und andere)
- frisch gemahlener Pfeffer
- 90 g Weizenkeimlinge (aus ca. 40 g Körnern; siehe auch Seite 126)

1. Die Zwiebel schälen, fein würfeln und im mäßig heißen Olivenöl glasig dünsten.
2. Die geputzten Bohnen, das Bohnenkraut und die Gemüsebrühe dazugeben. Das Gemüse in 10 bis 15 Minuten bißfest dünsten.
3. Die Tomate halbieren, sehr fein würfeln und dazugeben. Einmal mit aufkochen und dann alles abkühlen lassen.
4. Inzwischen die Vinaigrette zubereiten. Dazu ein wenig Kräutersalz im Obstessig auflösen. Etwas Senf und das Öl darunterschlagen. Die Kräuter in die Marinade geben und alles kräftig mit Pfeffer würzen.
5. Das Bohnenkraut aus dem Gemüse nehmen. Die Marinade über die abgekühlten Bohnen geben und den Salat etwa 20 Minuten durchziehen lassen.
6. Die Weizenkeimlinge gründlich waschen, abtropfen lassen und über den Salat streuen.

13 g Fett
5 g Eiweiß
12 g Kohlenhydrate
5 g Ballaststoffe
190 kcal

Linsensprossensalat

Keimzeit der Linsen:
ca. 3 Tage
Zubereitungszeit: ca. ¼ Std.

Für 2 Personen

- wenig Kräutersalz
- 1 EL Balsamessig (Aceto balsamico)
- 1 EL kaltgepreßtes Sonnenblumenöl
- etwas Senf
- 3 EL saure Sahne
- frisch gemahlener Pfeffer
- 1 Schalotte
- 1 EL gehackte glatte Petersilie
- 100 g Linsensprossen (aus ca. 20 g Samen; siehe auch Seite 126)
- 100 g Topinambur (kartoffelähnliche Knollenfrucht siehe Tip Seite 47)
- 1 kleine Möhre
- 140 g rote Bete
- 50 g Feldsalat

1. Ein wenig Kräutersalz unter ständigem Rühren im Balsamessig auflösen. Das Öl, etwas Senf und die saure Sahne darunterschlagen und die Sauce kräftig mit Pfeffer würzen.
2. Die Schalotte schälen, sehr fein hacken und zusammen mit der Petersilie unter die Sauce rühren.
3. Die Linsensprossen in kochendem Salzwasser etwa 1 Minute blanchieren. In sehr kaltem Wasser abschrecken, abtropfen lassen und unter die Sauce ziehen.
4. Das Gemüse putzen, grob raspeln und sofort mit den Linsenkeimlingen mischen.
5. Den Feldsalat verlesen, waschen, trockenschleudern und auf zwei Teller verteilen. Den Linsensalat nochmals abschmecken und auf dem vorbereiteten Salat anrichten.

8 g Fett
8 g Eiweiß
21 g Kohlenhydrate
11 g Ballaststoffe
200 kcal

Bohnensalat auf Eichblattsalat

Quellzeit der Bohnen: ca. 8 Std.
Zubereitungszeit: ca. 1½ Std.

Für 2 Personen

75 g rote Bohnenkerne
¼ l ungesalzene Gemüsebrühe (Rezept Seite 52)
wenig Meersalz
1 EL Rotweinessig
etwas Zitronensaft
etwas Kräutersenf
frisch gemahlener Pfeffer
1 EL kaltgepreßtes Sonnenblumenöl
2 Schalotten
1 kleine Knoblauchzehe
1 TL Diätmargarine
150 g Pfifferlinge
½ Kopf Eichblattsalat
1 EL gehackte Petersilie

1. Die verlesenen, gewaschenen Bohnenkerne etwa 8 Stunden oder über Nacht in gut ½ Liter Wasser quellen lassen.
2. Die Gemüsebrühe angießen, zum Kochen bringen und die Bohnen zugedeckt bei geringer Hitzezufuhr in etwa 1 Stunde weich kochen. Die übrige Flüssigkeit abgießen.
3. Wenig Meersalz unter ständigem Rühren im Essig auflösen. Etwas Zitronensaft dazugeben, kräftig mit Senf und Pfeffer würzen und das Öl darunterrühren.
4. Die abgekühlten Bohnenkerne in der Marinade etwa 20 Minuten ziehen lassen.
5. In der Zwischenzeit die Schalotten und die Knoblauchzehe schälen, beides fein hacken. In der mäßig heißen Margarine glasig dünsten. Die vorbereiteten Pfifferlinge dazugeben und etwa 5 Minuten mitdünsten, wenig salzen und pfeffern.
6. Den Eichblattsalat zerpflücken, waschen, trockenschleudern und auf zwei Teller verteilen.
7. Die warmen Pilze unter die Bohnenkerne mischen. Auf dem Eichblattsalat anrichten und mit der Petersilie bestreuen. Den Salat noch warm servieren.

8 g Fett
10 g Eiweiß
20 g Kohlenhydrate
11 g Ballaststoffe
210 kcal

Tip
Dazu paßt frisches Vollkornbrot mit Kräuterbutter.

Topinambur-Reis-Salat

Zubereitungszeit: ca. 3/4 Std.

Für 2 Personen

60 g Naturreis
1 Schalotte
1 kleine Knoblauchzehe
1 TL Olivenöl
1/8 l Gemüsebrühe (Rezept Seite 52)
Currypulver
frisch geriebener Ingwer
wenig Meersalz
200 g Topinambur (kartoffelähnliche Knolle; siehe dazu auch den Tip)
etwas Zitronensaft
frisch gemahlener Pfeffer
2 EL kaltgepreßtes Sonnenblumenöl
1 kleiner Kopf Radicchiosalat
1 EL frisch gehackter Dill

1. Den Reis zuerst mit warmem, dann mit kaltem Wasser abspülen.
2. Die Schalotte und die Knoblauchzehe schälen und fein hacken. Beides im mäßig heißen Olivenöl glasig dünsten.
3. Den Reis kurz mit anschwitzen, die Gemüsebrühe angießen und den Reis zugedeckt bei geringer Hitzezufuhr etwa 20 Minuten quellen lassen. Kräftig mit Curry und Ingwer und mild mit Meersalz würzen.
4. Inzwischen die Topinamburknolle gut abbürsten, in kleine Würfel schneiden, dazugeben und nun 10 Minuten mitdünsten. Dann auf der ausgeschalteten Herdplatte etwa 10 Minuten nachquellen lassen.
5. Wenig Meersalz in etwas Zitronensaft unter ständigem Rühren auflösen und kräftig mit Pfeffer würzen. Dann das Sonnenblumenöl darunterschlagen.
6. Den Radicchio in einzelne Blätter zerteilen, diese waschen und trockenschleudern. Den Reis vorsichtig mit einer Gabel auflockern und die Marinade darunterziehen.
7. Den Reissalat auf den vorbereiteten Radicchioblättern anrichten und mit dem Dill bestreuen.

13 g Fett
5 g Eiweiß
30 g Kohlenhydrate
13 g Ballaststoffe
270 kcal

Tip

Topinambur sind die eßbaren Knollen einer Sonnenblumenart, die auch bei uns gut gedeiht. Die schlanken Knollen können in der Gartenerde problemlos überwintern; sie überstehen Frost bis zu 30°C minus. Die Knollen besitzen eine dünne Schale, die man mitessen kann. Da die Knollen oft unregelmäßig geformt sind, ist schälen sehr mühevoll, es reicht, sie abzubürsten. Topinambur haben ein angenehm nußartiges Aroma, gedünstet schmecken sie leicht säuerlich, ähnlich wie Artischockenböden. Topinambur sind reich an Kalium, Magnesium und Vitamin B_1.

Suppen, Saucen und Beilagen

Eine Suppe kann, je nach den gewählten Zutaten, Auftakt eines Menüs sein oder selbst den Hauptgang bilden. Auch in einer fettarmen Ernährung muß sie nicht fehlen, denn eine gute Suppe kommt ohne schwimmende Fettaugen und ohne Sahne- oder Eilegierungen aus. Köstliche Alternativen finden Sie im folgenden Kapitel. Basis ist eine selbstgemachte Gemüsebrühe, die auch zum Garen von Gemüse, Getreide oder Hülsenfrüchten ideal ist. Verzichten Sie auf die üblichen Brühwürfel und Trockenprodukte, da sie meist viel Salz enthalten. Bereiten Sie die Brühe lieber selbst zu, und salzen Sie erst nach dem Garen sehr sparsam. Wenn Sie nur geringe Gemüsebrühemengen benötigen, sind natriumarme Extrakte, die in Reformhäusern angeboten werden, ein akzeptabler Ersatz.

Auch auf die Sauce muß man bei einer fettarmen Ernährung nicht verzichten, denn statt Butter und Sahne können Kräuter, Gewürze, Gemüse und auch Früchte die Hauptzutaten sein. Die hier vorgestellten Saucen ergänzen einfache Getreidegerichte, kurzgebratenes oder gegrilltes mageres Fleisch, gedünsteten Fisch, vegetarische Bratlinge und viele Gemüsesorten auf ideale Weise.

Beilagen sollten bei einer gesunden Ernährung den Hauptgerichten in nichts nachstehen. Gemüse, Kartoffeln, Reis und andere Getreidesorten sowie Teigwaren ohne Ei sind fettarm, wenn sie gekocht, gedämpft oder in wenig Fett gedünstet werden. Bei Reis, eifreien Teigwaren und anderen Getreidesorten ist eine Menge von etwa 50 Gramm pro Person ausreichend, bei Kartoffeln rechnet man mit ungefähr 200 Gramm. Wer jedoch sein Gewicht reduzieren möchte, der sollte sich bei Reis und anderen Getreidesorten sowie bei Teigwaren auf 30 Gramm oder bei Kartoffeln auf 100 Gramm beschränken.

Gemüsebrühe

Zubereitungszeit: ca. ¾ Std.

Für 1½ Liter Brühe

1 Zwiebel
100 g Möhren
100 g Knollensellerie
100 g Lauch
100 g Petersilienwurzel
1,5 l Wasser
1 Knoblauchzehe
einige Liebstöckelblätter
einige Petersilienstengel
Meersalz
Hefeflocken oder -extrakt

1. Die Zwiebel schälen, halbieren und die Schnittflächen in einem Topf ohne Fettzugabe bräunen.
2. Inzwischen das Gemüse putzen, eventuell schälen, waschen und kleinschneiden. Zu der Zwiebel geben, mit dem Wasser bedecken und 20 bis 30 Minuten kochen lassen.
3. Nach etwa ¼ Stunde Kochzeit die geschälte Knoblauchzehe, die Liebstöckelblätter, die Petersilienstengel und etwas Meersalz hinzufügen und fertigkochen lassen.
4. Die Brühe durch ein Sieb gießen und mit Hefeflocken oder Hefeextrakt würzen.

2 g Fett
0 g Eiweiß
0 g Kohlenhydrate
0 g Ballaststoffe
20 kcal

Tip

Je nach Verwendung, wird die Gemüsebrühe mit wenig Salz abgeschmeckt. Für das Garen von Vollkornreis sollten Sie jedoch immer ungesalzene Brühe verwenden. Anstelle des Gemüses kann man auch sehr gut gesäuberte Gemüseabschnitte und -schalen verwenden.

Möhren-Hirse-Süppchen

Zubereitungszeit: ca. ¼ Std.

Für 2 Personen

2 Schalotten
1 mittelgroße Möhre
1 TL Öl
20 g Hirsemehl
etwas Currypulver
½ l Gemüsebrühe (Rezept links)
frisch geriebene Muskatnuß
frisch geriebener Ingwer
wenig Meersalz
2 TL saure Sahne
einige Dillspitzen

1. Die Schalotten schälen und fein hacken. Die Möhre in Scheiben schneiden. Beides im mäßig heißen Öl andünsten.
2. Das Hirsemehl und etwas Currypulver darüberstreuen und kurz anschwitzen. Mit der kalten Gemüsebrühe auffüllen, aufkochen und die Suppe bei geringer Hitzezufuhr etwa 10 Minuten kochen lassen. Dabei ab und zu umrühren.
3. Die Suppe pürieren, mit Muskatnuß, Ingwer und wenig Salz abschmecken und nochmals erhitzen. Die Suppe in vorgewärmte Tassen füllen und mit der sauren Sahne und den Dillspitzen garnieren.

5 g Fett
3 g Eiweiß
13 g Kohlenhydrate
3 g Ballaststoffe
110 kcal

Feines Kerbelsüppchen

Zubereitungszeit: ca. 20 Min.

Für 2 Personen

1 Schalotte
2 mittelgroße Kartoffeln
1 TL Diätmargarine
½ l Gemüsebrühe (Rezept links)
¼ Bund Kerbel
1 TL Sonnenblumenkerne
wenig Meersalz
frisch gemahlener Pfeffer
frisch geriebene Muskatnuß
50 g Kefir 1,5% Fett

1. Die Schalotte schälen und fein hacken. Die Kartoffeln schälen und in kleine Würfel schneiden.
2. Die Schalotten in der mäßig heißen Diätmargarine andünsten, die Kartoffelwürfel hinzufügen und kurz anschwitzen.
3. Die heiße Gemüsebrühe angießen und die Kartoffeln zugedeckt in 10 bis 15 Minuten weich kochen.
4. In der Zwischenzeit den Kerbel waschen, von den groben Stielen befreien und fein hacken. Die Sonnenblumenkerne in einer heißen Pfanne ohne Fettzugabe leicht rösten.
5. Die Suppe pürieren, nochmals aufkochen lassen und mit wenig Meersalz, Pfeffer und Muskatnuß würzen. Dann den Kefir unter die Suppe schlagen.
6. Den Kerbel in die Suppe geben und sie mit den Sonnenblumenkernen garnieren.

7 g Fett
4 g Eiweiß
17 g Kohlenhydrate
2 g Ballaststoffe
160 kcal

Tomatenconsommé mit Basilikum

Zubereitungszeit: ca. 40 Min.

Für 2 Personen

2 Schalotten
1 Knoblauchzehe
1/4 Bund Basilikum
einige Zweige Thymian
1 TL Olivenöl
300 g sehr reife Tomaten
1 TL Tomatenmark
wenig Meersalz
frisch gemahlener Pfeffer
400 ml Gemüsebrühe
(Rezept Seite 52)
2 Eiweiß
2 TL saure Sahne
3 Kirschtomaten

1. Die Schalotten und die Knoblauchzehe schälen und fein hacken. Vom Basilikum die schönsten Blätter zum Garnieren beiseite legen.

2. Die Schalotten, den Knoblauch, das restliche Basilikum und den Thymian im mäßig heißen Olivenöl andünsten.

3. Von den Tomaten die Stielansätze entfernen und das Gemüse kleinschneiden. Mit dem Tomatenmark zur Schalottenmischung geben und 5 Minuten dünsten. Mit wenig Meersalz und Pfeffer abschmecken. Die kalte Gemüsebrühe angießen und das Ganze abkühlen lassen.

4. Die Eiweiße unter die kalte Suppe mischen und auf kleiner Flamme langsam wieder zum Sieden bringen. Dabei ab und zu vorsichtig umrühren, damit die Eiweiße nicht ansetzen. Die Suppe 20 Minuten ziehen lassen, nochmals abschmecken und vorsichtig durch ein feines Tuch gießen.

5. Die Consommé in zwei angewärmte Suppenteller geben. Mit der glattgerührten sauren Sahne, den halbierten Kirschtomaten und den Basilikumblättern garnieren.

5 g Fett
3 g Eiweiß
10 g Kohlenhydrate
4 g Ballaststoffe
100 kcal

Grünkernsüppchen mit Frühlingszwiebelröllchen

Zubereitungszeit: ca. ¼ Std.

Für 2 Personen

30 g feines Grünkernschrot
½ l Gemüsebrühe (Rezept Seite 52)
1 Frühlingszwiebel
1 TL Diätmargarine
wenig Meersalz
frisch geriebene Muskatnuß
frisch gehackter Estragon

1. Das Grünkernschrot in einem heißen Topf ohne Fettzugabe so lange rösten, bis es angenehm duftet.
2. Die kalte Gemüsebrühe angießen, aufkochen und das Schrot 5 Minuten zugedeckt quellen lassen.
3. Inzwischen die Frühlingszwiebel putzen, halbieren, waschen und in feine Röllchen schneiden. Dann in der mäßig heißen Diätmargarine bißfest braten.
4. Die Suppe mit wenig Meersalz, Muskatnuß und Estragon abschmecken, in zwei Suppentassen füllen und mit den Frühlingszwiebelröllchen garnieren.

3 g Fett
3 g Eiweiß
11 g Kohlenhydrate
2 g Ballaststoffe
90 kcal

Variation
Anstelle des Grünkerns kann man auch Hafer- oder Dinkelschrot zum Binden verwenden.

Topinambursuppe mit Kerbelsahne

Zubereitungszeit: ca. 1/4 Std.

Für 2 Personen

1 kleine Möhre
1 Frühlingszwiebel
1 TL Sonnenblumenöl
100 g Topinambur (kartoffelähnliche Knollenfrucht)
20 g grobes Haferschrot
wenig Meersalz
frisch gemahlener Pfeffer
1/2 l Gemüsebrühe (Rezept Seite 52)
frisch geriebene Muskatnuß
2 TL saure Sahne
einige Kerbelzweige

1. Die Möhre und die Frühlingszwiebel putzen und fein würfeln. Zuerst die Möhre im mäßig heißen Öl glasig dünsten, anschließend die Zwiebel.

2. Inzwischen die Topinambur fein würfeln. Mit dem Haferschrot zum Gemüse geben und leicht anschwitzen. Das Ganze wenig salzen und pfeffern.

3. Die kalte Gemüsebrühe angießen und aufkochen lassen. Das Gemüse bißfest kochen und die Suppe mit Muskatnuß würzen.

4. Die Suppe in vorgewärmte Tassen füllen und mit der sauren Sahne und dem Kerbel garnieren.

6 g Fett
4 g Eiweiß
12 g Kohlenhydrate
8 g Ballaststoffe
120 kcal

Kürbis-Fenchel-Suppe

Zubereitungszeit: ca. 20 Min.

Für 2 Personen

250 g Kürbisfleisch (Squash, Türkenturban oder andere Sorten)
50 g Fenchel
1 TL Diätmargarine
1 EL trockener Weißwein
1 Msp. gemahlener Koriander
frisch gemahlener Pfeffer
1 Msp. gemahlener Anis
400 ml Gemüsebrühe (Rezept Seite 52)
2 TL saure Sahne
wenig Kräutersalz
frisch gezupfte Thymianblättchen

1. Die geschälten Kürbisse (einige Kerne für die Garnitur beiseite legen) in etwa 2 Zentimeter große Würfel schneiden.
2. Vom Fenchel das Grün entfernen und beiseite legen. Das Gemüse in ganz feine Streifen schneiden.
3. Die Fenchelstreifen in der mäßig heißen Diätmargarine und dem Weißwein bißfest dünsten. Das Gemüse aus dem Topf nehmen und warm halten.
4. Die Kürbiswürfel in den Topf geben und mit Koriander, Pfeffer und Anis würzen. Die heiße Gemüsebrühe angießen und den Kürbis 10 bis 15 Minuten auf kleinster Flamme kochen, bis er weich ist.
5. Inzwischen die Kerne in einer heißen Pfanne ohne Fettzugabe goldgelb rösten.
6. Die Suppe pürieren und nochmals aufkochen lassen. Die saure Sahne darunterziehen, die Suppe mit wenig Kräutersalz abschmecken und in zwei vorgewärmte Suppentassen füllen. Die Suppe mit dem Fenchel, dem Fenchelkraut und den Thymianblättchen garnieren.

3 g Fett
3 g Eiweiß
5 g Kohlenhydrate
2 g Ballaststoffe
60 kcal

Kichererbsensuppe

Quellzeit der Kichererbsen: 7–8 Std.
Zubereitungszeit: ca. 1½ Std.

Für 2 Personen

50 g Kichererbsen
½ l ungesalzene Gemüsebrühe (Rezept Seite 52)
2 Nelken
weiße Pfefferkörner
wenig Meersalz
1 kleine Zwiebel
1 Knoblauchzehe
1 große Möhre
100 g Wirsing
2 mittelgroße Kartoffeln
1 TL Diätmargarine
frisch gemahlener Pfeffer
20 schwarze Oliven
frischer Thymian zum Bestreuen

1. Die Kichererbsen mit der Gemüsebrühe in einen Topf geben und etwa 8 Stunden oder über Nacht quellen lassen.
2. Die Nelken und die Pfefferkörner in ein Leinensäckchen geben, das zugebunden wird. Die Kichererbsen zusammen mit dem Gewürzbeutel bei geringer Hitzezufuhr etwa 1 Stunde garen, dann erst salzen.
3. In der Zwischenzeit die Zwiebel und den Knoblauch schälen. Die Zwiebel fein hacken, die Knoblauchzehe zerdrücken. Das Gemüse und die geschälten Kartoffeln würfeln.
4. Die Zwiebel und den Knoblauch in der mäßig heißen Margarine glasig braten, zusammen mit dem Gemüse zu den Kichererbsen geben und alles salzen und pfeffern.
5. Eventuell noch etwas Gemüsebrühe angießen und das Ganze etwa 20 Minuten kochen lassen. Kurz vor dem Ende der Garzeit die Oliven darunterrühren. Den Suppentopf kräftig abschmecken und mit Thymianblättchen bestreuen.

6 g Fett
9 g Eiweiß
31 g Kohlenhydrate
9 g Ballaststoffe
330 kcal

Erbsensuppe mit Safrannockerln

Zubereitungszeit: ca. ½ Std.

Für 2 Personen

1 Frühlingszwiebel
100 g Zuckerschoten
1 TL Diätmargarine
1 EL Gemüsebrühe (Rezept Seite 52)

Für die Safrannockerln:

1 TL Diätmargarine
1 EL Magerquark
1 EL Vollkornweizengrieß
1–2 TL Vollkornsemmelbrösel
wenig Kräutersalz
1 Msp. Safran
1 Msp. Kurkuma
frisch gemahlener Pfeffer
frisch geriebene Muskatnuß
300 ml Gemüsebrühe

Außerdem:

150 g frische oder tiefgekühlte grüne Erbsen
wenig Meersalz
2 TL Dickmilch 1,5% Fett
evtl. einige Borretschblüten

1. Die Frühlingszwiebel putzen. Von den Zuckerschoten die Spitzen abschneiden und die Schoten waschen. Die Zwiebel in feine Ringe schneiden und mit den Zuckerschoten in der mäßig heißen Diätmargarine mit 1 Eßlöffel Gemüsebrühe 5 Minuten dünsten.
2. Inzwischen für die Safrannockerln die Diätmargarine mit dem Quark, dem Vollkorngrieß, den Vollkornsemmelbröseln und den Gewürzen verkneten. 6 bis 8 kleine Nockerln in die siedende Gemüsebrühe abstechen, sie darin 5 Minuten ziehen lassen und herausnehmen.
3. Das Gemüse aus dem Topf nehmen, die grünen Erbsen hineingeben, mit der Gemüsebrühe auffüllen und 5 Minuten kochen lassen. Dann pürieren und mit wenig Meersalz und Pfeffer abschmecken.
4. Das Gemüse in die Erbsensuppe geben und nochmals aufkochen lassen.
5. Die Erbsensuppe auf zwei vorgewärmte Teller geben. Die Nockerln darauf verteilen. Die Suppe mit der Dickmilch und eventuell einigen Borretschblüten garnieren.

5 g Fett
11 g Eiweiß
24 g Kohlenhydrate
6 g Ballaststoffe
200 kcal

Gazpacho (kalte spanische Gemüsesuppe)

Zubereitungszeit: ca. 1/4 Std.
Zeit zum Kühlen: ca. 2 Std.

Für 2 Personen

1 Zwiebel
1 Knoblauchzehe
1 Fleischtomate
100 g Salatgurke
75 g gelbe Paprikaschote
75 g grüne Paprikaschote
1 EL kaltgepreßtes Sonnenblumenöl
1 TL Zitronensaft
1/4 l gut gewürzte Gemüsebrühe (Rezept Seite 52)
wenig Meersalz
1/2 Msp. Chili
frisch gemahlener Pfeffer
1/4 Bund Schnittlauch
1/4 Bund Dill

1. Die Zwiebel und die Knoblauchzehe schälen und beides grob würfeln.
2. Von der Tomate den Blütenansatz herausschneiden und die Haut kreuzweise einritzen. Die Tomate kurz in kochendes Wasser tauchen, anschließend kalt abschrecken und die Haut abziehen. Das Fruchtfleisch grob würfeln.
3. Von der geschälten Gurke einige Scheiben als Garnitur beiseite legen. Die übrige Gurke sowie die Paprikaschoten grob würfeln.
4. Das ganze Gemüse im Mixer pürieren und mit dem Öl und dem Zitronensaft verrühren.
5. Die kalte Gemüsebrühe unter das Gemüsemus rühren und mit wenig Meersalz sowie etwas Chili und Pfeffer abschmecken. Die Suppe abdecken und 2 Stunden kalt stellen.
6. Inzwischen die gewaschenen und trockengetupften Kräuter ganz fein hacken.
7. Die Suppe nochmals abschmecken und auf zwei Teller verteilen. Mit den Kräutern und den Gurkenscheiben garnieren.

4 g Fett
4 g Eiweiß
13 g Kohlenhydrate
7 g Ballaststoffe
120 kcal

Tip
Dazu paßt geröstetes Knoblauchbaguette.

Borschtsch mit Zanderfilet und roten Linsen

Zubereitungszeit: ca. 40 Min.

Für 2 Personen

25 g rote Linsen
½ l ungesalzene Gemüsebrühe (Rezept Seite 52)
1 kleines Lorbeerblatt
25 g Möhre
25 g Petersilienwurzel
25 g Lauch
50 g rote Bete
1 mittelgroße Kartoffel
1 Knoblauchzehe
100 g Zanderfilet
einige Tropfen Zitronensaft
wenig Kräutersalz
2 EL Joghurt 1,5% Fett
1 EL frisch gehackter Liebstöckel
wenig Meersalz
frisch gemahlener schwarzer Pfeffer
einige Tropfen Obstessig

1. Die roten Linsen verlesen, waschen und mit der Gemüsebrühe und dem Lorbeerblatt 15 Minuten zugedeckt bei geringer Hitzezufuhr kochen.
2. Inzwischen das vorbereitete Gemüse und die geschälte Kartoffel in ganz feine Streifen schneiden. Die Knoblauchzehe schälen und zerdrücken.
3. Das Zanderfilet waschen, trockentupfen und in 1 Zentimeter große Würfel schneiden. Mit Zitronensaft beträufeln und mit wenig Kräutersalz würzen.
4. Den Joghurt mit dem Knoblauch und dem gehackten Liebstöckel verrühren.
5. Nach 15 Minuten Kochzeit das Gemüse zu den Linsen geben und in etwa 10 Minuten bißfest kochen. Dann die Suppe mit wenig Meersalz, Pfeffer und etwas Essig pikant abschmecken.
6. Die Fischwürfel in der Suppe 5 Minuten ziehen lassen, bis sie gar sind.
7. Die Suppe nochmals abschmecken, in zwei tiefe Suppenteller füllen und mit dem Knoblauchjoghurt garnieren.

2 g Fett
15 g Eiweiß
17 g Kohlenhydrate
5 g Ballaststoffe
160 kcal

Tip
Dazu paßt Vollkornfladenbrot.

Kräutersauce

Zubereitungszeit: ca. 10 Min.

Für 2 Personen

2 Schalotten
1 EL Diätmargarine
1 EL Weizenvollkornmehl
1/8 l fettarme Milch
wenig Meersalz
frisch gemahlener Pfeffer
frisch geriebene Muskatnuß
2 EL feingehackte, gemischte Kräuter (Petersilie, Kerbel, Estragon und andere)

1. Die Schalotten schälen, fein hacken und in der mäßig heißen Margarine anbraten. Das Vollkornmehl dazugeben und darin anschwitzen.
2. Die kalte Milch angießen und unter ständigem Rühren aufkochen lassen. Dann 2 bis 3 Minuten kochen lassen, das Ganze pürieren und mit wenig Salz, Pfeffer und Muskatnuß abschmecken.
3. Die feingehackten Kräuter unter die Sauce ziehen.

4 g Fett
4 g Eiweiß
11 g Kohlenhydrate
1 g Ballaststoffe
100 kcal

Variation
Anstelle der Kräuter können Sie auch geriebenen Meerrettich, geriebenen Käse oder Zwiebelmus unter die Sauce ziehen.

Kerbelsauce

Zubereitungszeit: ca. 5 Min.

Für 2 Personen

2 Schalotten
2 TL Diätmargarine
einige Blätter junger Spinat oder Sauerampfer
2 EL Gemüsebrühe (Rezept Seite 52)
1/4 Bund Kerbel
1 1/2 EL saure Sahne
wenig Meersalz
frisch gemahlener Pfeffer

1. Die Schalotten schälen, fein hacken und in der mäßig heißen Diätmargarine anbraten.
2. Die gewaschenen Spinat- oder Sauerampferblätter dazugeben und 1 Minute mitdünsten. Die Gemüsebrühe angießen und die Sauce aufkochen lassen.
3. Den gewaschenen Kerbel dazugeben und die Sauce pürieren.
4. Die saure Sahne unter die Sauce ziehen und mit wenig Meersalz und Pfeffer abschmecken, nicht mehr kochen lassen.

4 g Fett
1 g Eiweiß
6 g Kohlenhydrate
0 g Ballaststoffe
60 kcal

Tip
Die Sauce paßt am besten zu Getreide- und Gemüsegerichten.

Paprikasauce

Zubereitungszeit: ca. 20 Min.

Für 2 Personen

- 1 rote Paprikaschote
- 1 Zwiebel
- 1 Knoblauchzehe
- 1 TL Diätmargarine
- 100 ml Gemüsebrühe (Rezept Seite 52)
- wenig Meersalz
- frisch gemahlener Pfeffer
- edelsüßer Paprika

1. Die gewaschene Paprikaschote so lange im Backofen bei 240° C erhitzen, bis die Haut Blasen wirft.
2. Inzwischen die Zwiebel und die Knoblauchzehe schälen. Beides fein würfeln und in der mäßig heißen Margarine anbraten.
3. Die Paprikaschote halbieren, enthäuten und die Fruchtsamen entfernen. Die Paprikaschote mit der Zwiebel-Knoblauch-Mischung pürieren und so viel heiße Gemüsebrühe angießen, daß eine sämige Sauce entsteht.
4. Die Sauce mit wenig Meersalz, aber mit reichlich Pfeffer und Paprika kräftig abschmecken.

2 g Fett
1 g Eiweiß
6 g Kohlenhydrate
3 g Ballaststoffe
50 kcal

Tip
Die Sauce paßt zu allen pikanten Gerichten.

Möhrensauce

Zubereitungszeit: ca. 10 Min.

Für 2 Personen

- 1 Schalotte
- 1 mittelgroße Möhre
- 1 TL Diätmargarine
- 1 TL Hirsemehl
- 1/8 l Gemüsebrühe
- einige Tropfen Zitronensaft
- wenig Meersalz
- frisch gemahlener Pfeffer
- 1 TL frisch gehackte Zitronenmelisse

1. Die Schalotte schälen, die Möhre gründlich unter Wasser abbürsten oder schälen und beides fein hacken.
2. Das Gemüse in der heißen Diätmargarine andünsten und das Hirsemehl darüberstreuen. Die kalte Gemüsebrühe angießen und alles unter Rühren zum Kochen bringen.
3. Die Sauce 2 bis 3 Minuten köcheln lassen, dann pürieren und mit Zitronensaft, wenig Meersalz und Pfeffer abschmecken.
4. Die Zitronenmelisse erst kurz vor dem Servieren unter die Sauce rühren.

2 g Fett
1 g Eiweiß
6 g Kohlenhydrate
2 g Ballaststoffe
50 kcal

Tip
Die Sauce paßt zu einer Platte mit verschiedenem gedünstetem Gemüse und Getreidegerichten.

Pikante Selleriesauce

Zubereitungszeit: ca. ¼ Std.

Für 2 Personen

⅛ l Gemüsebrühe (Rezept Seite 52)
10 g feines Dinkelvollkornmehl
50 g Knollensellerie
1 TL Diätmargarine
einige Tropfen Zitronensaft
wenig Kräutersalz
frisch gemahlener Pfeffer
etwas frisch gehacktes Selleriegrün
etwas frisch gehackte Liebstöckelblätter

1. Die Gemüsebrühe zum Kochen bringen. Inzwischen das Dinkelmehl mit etwas Wasser anrühren und in die kochende Brühe rühren. Die Sauce etwa 2 Minuten durchkochen lassen.
2. Den Sellerie fein reiben und mit der Diätmargarine unter die Sauce mischen.
3. Die Sauce nochmals aufkochen lassen und mit dem Zitronensaft, wenig Kräutersalz, Pfeffer und den Kräutern abschmecken. Eventuell noch etwas Gemüsebrühe angießen.

2 g Fett
1 g Eiweiß
4 g Kohlenhydrate
1 g Ballaststoffe
40 kcal

Tip
Die Sauce paßt zu vielen Getreidegerichten.

Kalte Currysauce

Zubereitungszeit: ca. 10 Min.

Für 2 Personen

30 g Banane
125 g Joghurt 1,5% Fett
etwas Zitronensaft
Currypulver
etwas frisch geriebener Ingwer
wenig Meersalz
frisch gemahlener Pfeffer
2 gehackte Walnußkerne oder 1 TL Kokosflocken

1. Die Banane mit dem Joghurt pürieren.
2. Die Sauce mit Zitronensaft, Curry, Ingwer, wenig Meersalz und Pfeffer abschmecken und die Walnußkerne oder die Kokosflocken unter die Sauce ziehen.

2 g Fett
3 g Eiweiß
5 g Kohlenhydrate
1 g Ballaststoffe
60 kcal

Tip
Die Sauce paßt besonders gut zu Getreidebratlingen und Aufläufen.

Kalte Kräutersauce

Zubereitungszeit: ca. 5 Min.

Für 2 Personen

125 g Joghurt 1,5% Fett
2 EL saure Sahne
1 EL kaltgepreßtes Sonnenblumenöl
etwas Zitronensaft
¼ Bund Kerbel oder andere Kräuter
wenig Kräutersalz
frisch gemahlener Pfeffer

1. Den Joghurt mit der sauren Sahne, dem Sonnenblumenöl und etwas Zitronensaft verrühren.
2. Den Kerbel waschen, trockentupfen, fein hacken und unter die Sauce ziehen. Mit wenig Kräutersalz und Pfeffer abschmecken.

7 g Fett
3 g Eiweiß
4 g Kohlenhydrate
0 g Ballaststoffe
100 kcal

Tip
Die Sauce paßt zu Getreidegerichten aller Art.

Preiselbeer-Orangen-Sauce

Zubereitungszeit: ca. ¼ Std.

Für 2 Personen

1 unbehandelte Orange
50 g Preiselbeeren
1 getrocknete Feige
½ TL abgeriebene Schale von einer unbehandelten Orange
1 TL Honig
2 Walnußkerne

1. Die Orange schälen und filetieren, den dabei austretenden Saft auffangen.
2. Die Preiselbeeren verlesen, waschen und zusammen mit dem Orangensaft und der fein gehackten Feige 2 Minuten kochen. Anschließend abkühlen lassen.
3. Die Orangenfilets unter die Sauce ziehen. Mit der Orangenschale und dem Honig abschmecken.
4. Die Sauce mit den grobgehackten Nüssen bestreuen.

2 g Fett
2 g Eiweiß
18 g Kohlenhydrate
3 g Ballaststoffe
100 kcal

Tip
Die Sauce paßt zu Süßspeisen und zu fruchtigen Getreideaufläufen.

Naturreis

Quellzeit: ca. 8 Std.
Zubereitungszeit: ca. 40 Min.

Für 2 Personen

100 g Naturreis
etwa 200 ml ungesalzene Gemüsebrühe (Rezept Seite 52) oder Wasser
1 kleine Zwiebel
½ Lorbeerblatt
1 Gewürznelke
wenig Meersalz
1 TL Distelöl

1. Den Naturreis zuerst mit kaltem, dann mit warmem Wasser waschen und in 200 Milliliter Gemüsebrühe oder im Wasser 8 Stunden quellen lassen.
2. Dann den Reis mit der Quellflüssigkeit zum Kochen bringen. Die Zwiebel schälen, das Lorbeerblatt mit Hilfe der Gewürznelke darauf feststecken und die Zwiebel zum Reis geben. Das Ganze zugedeckt bei geringer Hitzezufuhr 30 bis 40 Minuten köcheln lassen.
3. Ist der Reis nach dieser Zeit noch nicht weich, aber die Flüssigkeit aufgesogen, noch etwas heiße Brühe angießen.
4. Den Reis erst kurz vor dem Ende der Garzeit salzen. Dann auf der ausgeschalteten Herdplatte nachquellen lassen.
5. Die Zwiebel entfernen, den Reis mit einer Gabel vorsichtig auflockern und das Öl darübergeben.

4 g Fett
4 g Eiweiß
36 g Kohlenhydrate
2 g Ballaststoffe
210 kcal

Variationen

Curryreis
1 Teelöffel Currypulver unter den Reis mischen und mitgaren.

Kurkumareis
½ Teelöffel Kurkuma unter den Reis mischen und mitgaren.

Gemüsereis
100 Gramm Gemüsewürfelchen oder Gemüsestreifen nach 20 bis 30 Minuten Kochzeit unter den Reis geben und mitdünsten. Wer es gern etwas exotisch mag, kann nach Ende der Garzeit noch etwas frisch geriebenen Ingwer unter den Reis mischen.

Kräuterreis
Frische Kräuter wie Kerbel, Petersilie, Schnittlauch oder Estragon fein hacken und kurz vor dem Servieren unter den Reis heben.

Pilzreis
100 Gramm Champignons und 1 feingehackte Schalotte mit etwas feingehacktem Knoblauch in 1 Teelöffel Öl anbraten und unter den fertigen Reis mischen.

Tip
Wer gerne sein Gewicht reduzieren möchte, sollte nur 30 Gramm Reis als Beilage verzehren.

Gebackene Kartoffeln

Zubereitungszeit: ca. 40 Min.

Für 2 Personen

4 mittelgroße Kartoffeln (ca. 400 g)
wenig Kräutersalz
etwas Kümmel
frisch gemahlener Pfeffer
1 TL Pflanzenöl

1. Die Kartoffeln unter fließendem Wasser sehr gründlich abbürsten und trockenreiben. Den Backofen auf 200° C vorheizen.
2. Ein Backblech mit Backtrennpapier auslegen. Wenig Kräutersalz mit etwas Kümmel und Pfeffer mischen.
3. Die Kartoffeln der Länge nach halbieren, mit der Schnittfläche in die Gewürzmischung drücken und auf das Backblech setzen.
4. Die Oberfläche der Kartoffeln mit dem Öl einpinseln und mit der Gewürzmischung bestreuen.
5. Die Kartoffeln in den Ofen geben und je nach Größe der Kartoffeln 25 bis 35 Minuten backen.

3 g Fett
4 g Eiweiß
34 g Kohlenhydrate
5 g Ballaststoffe
180 kcal

Tip
Die Kartoffeln lassen sich auch in einer Pfanne zubereiten, nur darf die Hitzezufuhr nicht zu hoch sein. Übergewichtige, die ihr Gewicht reduzieren möchten, sollten nur eine Kartoffel (etwa 100 Gramm) als Beilage einplanen.

Folienkartoffeln

Zubereitungszeit: ca. 40 Min.

Für 2 Personen

4 mittelgroße Kartoffeln (ca. 400 g)
wenig Kräutersalz
frisch gemahlener Pfeffer

1. Die Kartoffeln unter fließendem Wasser gründlich abbürsten und trockenreiben. Den Backofen auf 200° C vorheizen.
2. Vier Stück Alufolie, die doppelt so groß sind wie die Kartoffeln, mit der matten Seite nach unten auf den Tisch legen. Die Kartoffeln mit wenig Kräutersalz und Pfeffer einreiben, auf die Folie setzen und diese zusammenfalten.
3. Die Kartoffelpäckchen auf ein Blech setzen und in den Ofen schieben. Je nach Größe der Kartoffeln mindestens 40 Minuten backen.

0 g Fett
4 g Eiweiß
34 g Kohlenhydrate
5 g Ballaststoffe
170 kcal

Tip
Die Folienkartoffeln eignen sich sowohl als Beilage als auch als selbständiges Gericht mit etwas Kräuterquark. Folienkartoffeln, aber auch gebackene Kartoffeln lohnen sich vor allem dann, wenn Sie den Backofen ohnehin schon aufgeheizt haben.

Variation
Auf dieselbe Art kann man Gemüse, wie rote Bete oder Zwiebeln, in der Folie zubereiten.

Hauptgerichte

Ein wichtiger Grundsatz einer modernen Ernährungsweise lautet: maximal ein bis zwei Fleischmahlzeiten pro Woche. Denn Fleisch liefert zwar wertvolles Eiweiß, aber auch je nach Sorte, eine Menge Fett. Eine Fleischportion von 150 Gramm ist in der Regel ausreichend; wer sein Gewicht reduzieren will, sollte allerdings nur 100 Gramm zu sich nehmen.

Geben Sie in jedem Fall mageren Fleischsorten, wie Rind, Kalb, Lamm, Huhn und Pute, den Vorzug. Schneiden Sie sichtbare Fettanteile immer weg, und probieren Sie neue Zubereitungsmethoden aus, bei denen Sie Bratfett sparen können. Grillen Sie zum Beispiel größere Fleischstücke, oder benutzen Sie eine gute Edelstahl- oder Teflonpfanne, in der Sie nur wenig Fett benötigen.
Beispiele finden Sie im folgenden Kapitel.
Fisch enthält in der Regel weniger Fett als eine vergleichbare Menge Fleisch. Darüber hinaus ist Seefisch ein guter Jodlieferant, und so sollte eine Fischmahlzeit pro Woche auf Ihrem Speisezettel stehen. Wählen Sie fettarme Sorten, wie Kabeljau oder Seelachs, und verzichten Sie auch hier auf fettreiche Zubereitungen, wie Panieren. Dünsten und dämpfen Sie das zarte Fischfleisch lieber mit vielen frischen Kräutern und mit aromareichem Gemüse.
Im Gegensatz zu tierischen Lebensmitteln enthalten pflanzliche, sieht man von einigen fettreichen Früchten sowie den Nüssen und Samen ab, wenig Fett. Pflanzliche Lebensmittel sind aber ballaststoffreich, wirken sich also zusätzlich positiv auf die Verdauung aus, und liefern viele Vitamine und Mineralstoffe. Gute Gründe, um sie täglich zu essen.
Gemüse, Getreide und Hülsenfrüchte sind die Basis einer vorwiegend pflanzlichen Ernährung, hinzu kommen Milch, Milchprodukte und Käse – bevorzugen Sie hier die fettarmen Sorten, denn sonst erhöhen Sie unnötig den Kalorien- und den Fettgehalt der Speisen. Eigelbe sind auch bei der Zubereitung vegetarischer Gerichte nicht unbedingt vonnöten. Wie Sie bei den folgenden Rezepten sehen werden, reicht in einigen wenigen Fällen ein Eiweiß zum Binden völlig aus.
Gewürzt wird vor allem mit vielen frischen Kräutern und Gewürzen. Salz sollten Sie nur sehr sehr sparsam verwenden.

Fünfkorngrütze mit Gemüsevariationen und Currysauce

Zubereitungszeit: ca. ½ Std.

Für 2 Personen

Für die Grütze:

150 ml Gemüsebrühe (Rezept Seite 52)
60 g grob geschrotete Fünfkorngetreidemischung
Currypulver
frisch gemahlener Pfeffer
wenig Meersalz

Für die Sauce:

125 g Joghurt 1,5% Fett
1 EL Hirsemehl
wenig Kräutersalz

Für das Gemüse:

1 mittelgroße Möhre
3 Frühlingszwiebeln
1 TL Diätmargarine
100 g Blumenkohlröschen
etwa ⅛ l Gemüsebrühe (Rezept Seite 52)
frisch geriebene Muskatnuß
frisch gehackter Kerbel

1. Für die Grütze die Gemüsebrühe aufkochen, das Getreideschrot unter Rühren hineinstreuen und bei geringer Hitzezufuhr 10 Minuten köcheln lassen.
2. Dann mit Currypulver, Pfeffer und wenig Meersalz würzen und auf der ausgeschalteten Herdplatte noch weitere 10 Minuten nachquellen lassen.
3. Inzwischen für die Sauce den Joghurt, das Hirsemehl, Currypulver, Pfeffer und wenig Kräutersalz verrühren und quellen lassen.
4. Nun die geputzte Möhre in ganz dünne Scheiben schneiden und die geputzten Frühlingszwiebeln längs halbieren und in Stücke schneiden.
5. Die Möhrenscheiben in der mäßig heißen Diätmargarine andünsten. Die Blumenkohlröschen und die Gemüsebrühe dazugeben. Das Gemüse 10 Minuten dünsten. Nach der Hälfte der Garzeit die Zwiebeln hinzufügen.
6. Das Gemüse mit wenig Kräutersalz, Pfeffer und Muskatnuß würzen.
7. Die Sauce vorsichtig erwärmen und auf zwei angewärmte Teller geben. Darauf mit einem Löffel die Grütze setzen und mit dem Gemüse umlegen. Alles mit Kerbel garnieren.

5 g Fett
8 g Eiweiß
32 g Kohlenhydrate
6 g Ballaststoffe
220 kcal

Haferauflauf mit Senfsauce

Zubereitungszeit: 1 Std.

Für 2 Personen

Für den Auflauf:

- 1 kleine Zwiebel
- 1 mittelgroße Möhre
- 100 g Knollensellerie
- 1 TL Diätmargarine
- 60 g Nackthafer
- 1/8 l ungesalzene Gemüsebrühe (Rezept Seite 52)
- frisch gehackter Thymian
- frisch geriebene Muskatnuß
- frisch gemahlener Pfeffer
- wenig Meersalz
- 3 EL saure Sahne
- 20 g frisch gequetschter Nackthafer oder Haferflocken

Für die Senfsauce:

- 1 Knoblauchzehe
- je 1 EL süßer, mittelscharfer und scharfer Senf
- 60 ml Gemüsebrühe (Rezept Seite 52)
- 3 EL saure Sahne
- wenig Kräutersalz
- frisch gemahlener weißer Pfeffer

1. Die Zwiebel schälen, die Möhren unter fließendem Wasser gründlich abbürsten und beides fein würfeln, ebenso den Sellerie.

2. Das Gemüse in der mäßig heißen Margarine andünsten, anschließend auf einen Teller geben.

3. Den Hafer zuerst mit kaltem, dann mit warmem Wasser abwaschen und mit der Gemüsebrühe zum Kochen bringen. Dann bei geringer Hitzezufuhr 20 bis 30 Minuten köcheln lassen. Den Backofen auf 200°C vorheizen.

4. Die Getreidemasse mit Thymian, Muskatnuß, Pfeffer und wenig Meersalz pikant abschmecken und 10 Minuten auf der ausgeschalteten Herdplatte nachquellen lassen.

5. Die saure Sahne und das Gemüse unter das Getreide heben, nochmals abschmekken und in eine mit Margarine ausgefettete Auflaufform füllen. 15 Minuten im Backofen backen.

6. Den Auflauf mit dem gequetschten Hafer oder mit den Haferflocken bestreuen und die restliche Margarine in Flocken darauf setzen. Das Gericht noch weitere 10 Minuten backen.

7. Für die Senfsauce die Knoblauchzehe schälen und mit wenig Meersalz ganz fein zerdrücken. Den Senf und die Gemüsebrühe etwas einkochen lassen.

8. Die saure Sahne dazugeben und die Sauce mit wenig Kräutersalz und Pfeffer würzen. Die Senfsauce zum Haferauflauf reichen.

11 g Fett
10 g Eiweiß
34 g Kohlenhydrate
7 g Ballaststoffe
280 kcal

Getreideauflauf mit Mais

Zubereitungszeit: ca. 1 Std.

Für 2 Personen

60 g grobes Weizenschrot
150 ml Gemüsebrühe (Rezept Seite 52)
2 Schalotten
1 kleine Knoblauchzehe
50 g Lauch
1 TL Pflanzenöl
20 g Magerquark
1 TL Tomatenmark
70 g frische oder tiefgekühlte Maiskörner
wenig Meersalz
frisch gemahlener Pfeffer
frisch gezupftes Oregano
frisch gehackter Thymian
etwas edelsüßer Paprika
1 Eiweiß
1 TL Diätmargarine zum Ausfetten

1. Das Weizenschrot in die erwärmte Gemüsebrühe streuen, aufkochen und bei geringer Hitzezufuhr 10 Minuten köcheln lassen.
2. Dann auf der ausgeschalteten Herdplatte 10 Minuten nachquellen lassen.
3. Inzwischen die Schalotten und die Knoblauchzehe schälen und beides fein hakken. Den Lauch fein würfeln.
4. Die Schalotten, den Knoblauch und den Lauch im mäßig heißen Öl glasig dünsten. Den Backofen auf 180°C vorheizen.
5. Den Quark mit dem Tomatenmark verrühren und zusammen mit dem etwas abgekühlten Gemüse und dem Mais unter das Getreide mischen. Die Masse wenig salzen, pfeffern und kräftig mit Oregano, Thymian und Paprikapulver abschmecken.
6. Das Eiweiß mit wenig Meersalz zu sehr steifem Schnee schlagen und locker unter die Getreidemasse heben.
7. Die Masse in eine mit der Margarine ausgefettete Auflaufform füllen und im Ofen etwa ½ Stunde backen.

6 g Fett
9 g Eiweiß
30 g Kohlenhydrate
5 g Ballaststoffe
220 kcal

Tip
Dazu passen Paprikasauce (Rezept Seite 63) und ein Frischkostteller.

Roggenrisotto

Quellzeit des Roggens: ca. 8 Std.
Zubereitungszeit: ca. 1¼ Std.

Für 2 Personen

80 g Roggen
¼ l ungesalzene Gemüsebrühe (Rezept Seite 52)
etwas Suppengrün
frisch gehackter Thymian
wenig Meersalz
frisch gemahlener Pfeffer
1 kleine Zwiebel
1 kleine Knoblauchzehe
150 g Austernpilze
1 TL Diätmargarine
wenig Kräutersalz
20 g geriebener Gouda 30% Fett i. Tr.
etwas abgeriebene Schale einer unbehandelten Zitrone

1. Den Roggen zuerst mit kaltem, dann mit warmem Wasser waschen und etwa 8 Stunden, am besten über Nacht, in etwa der doppelten Menge Wasser quellen lassen.
2. Dann mit dem Suppengrün in der Gemüsebrühe zum Kochen bringen und bei geringer Hitzezufuhr etwa 1 Stunde garen. Wenn die Körner zu platzen beginnen, mit Thymian, wenig Meersalz und Pfeffer würzen. Auf der ausgeschalteten Herdplatte noch etwas nachquellen lassen.
3. Die Zwiebel und die Knoblauchzehe schälen und beides fein hacken. Die Austernpilze vierteln.
4. Die Zwiebel und den Knoblauch in der mäßig heißen Margarine andünsten. Die Pilze dazugeben und 5 Minuten mitdünsten. Mit wenig Kräutersalz und Pfeffer würzen und alles unter den Roggen mischen.
5. Den Käse mit der Zitronenschale mischen und das Gericht damit bestreuen.

5 g Fett
9 g Eiweiß
35 g Kohlenhydrate
8 g Ballaststoffe
230 kcal

Gemüselasagne

Zubereitungszeit: ca. 40 Min.

Für 2 Personen

60 g Vollkornnudelplatten für Lasagne ohne Ei
eventuell Gemüsebrühe zum Kochen der Nudeln (Rezept Seite 52)
1 Aubergine
etwas Zitronensaft
wenig Kräutersalz
1 Knoblauchzehe
wenig Meersalz
1 TL Olivenöl
3 Tomaten
2 TL Tomatenmark
20 g Hirsemehl
1 kleine Zwiebel
100 g Champignons
150 g Zucchino
1 TL Pflanzenöl
frisch gehackter Thymian
frisch gehacktes Basilikum
frisch gemahlener Pfeffer
1 TL Diätmargarine
20 g geriebener Gouda 30% Fett i. Tr.

1. Die Nudelplatten in kochender Gemüsebrühe oder ganz schwach gesalzenem Wasser etwa 10 Minuten garen. Sie sollten noch bißfest sein. Dann mit kaltem Wasser abschrecken.
2. In der Zwischenzeit die Aubergine waschen und in dünne Scheiben schneiden. Mit etwas Zitronensaft beträufeln, mit wenig Kräutersalz bestreuen und 10 Minuten ziehen lassen. Den Backofen auf 225° C vorheizen.
3. Die Knoblauchzehe schälen, mit wenig Meersalz zerreiben und mit dem Olivenöl mischen. Die Auberginenscheiben mit der Knoblauch-Öl-Paste bestreichen und im heißen Ofen etwa 5 Minuten backen.
4. Die Tomaten waschen, vom Stielansatz befreien und pürieren. Mit dem Tomatenmark aufkochen und die Sauce mit der Hälfte des Hirsemehls binden. Dazu das Mehl mit wenig Wasser verrühren, zu den Tomaten geben und die Sauce kurz aufkochen lassen.
5. Die Zwiebel schälen und fein würfeln. Die Champignons in Scheiben schneiden. Den Zucchino grob raspeln.
6. Die Zwiebelwürfel im mäßig heißen Öl dünsten. Dann die Champignons und den Zucchino dazugeben und bißfest dünsten. Das Gemüse mit dem restlichen Hirsemehl binden und pikant mit den gehackten Kräutern und etwas Pfeffer abschmecken.
7. Das Gemüse abwechselnd mit der Tomatensauce und den Nudelplatten in eine ausgefettete Auflaufform schichten. Den Käse daraufstreuen und die Lasagne im Backofen etwa 20 Minuten backen.

10 g Fett
11 g Eiweiß
31 g Kohlenhydrate
7 g Ballaststoffe
270 kcal

Variation
Anstelle der Lasagneblätter können Sie auch anders geformte Vollkornteigwaren verwenden.

Vollkornnudeln mit Tomatensauce

Zubereitungszeit: ca. ¼ Std.

Für 2 Personen

150 g Vollkornnudeln ohne Ei
wenig Meersalz
2 Schalotten
1 kleine Knoblauchzehe
2 TL Diätmargarine
4 Tomaten
1 TL Tomatenmark
frisch gehacktes Basilikum
frisch gezupfter Oregano
wenig Kräutersalz
frisch gemahlener Pfeffer

1. Die Vollkornnudeln in wenig gesalzenem, sprudelnd kochendem Wasser bißfest kochen.
2. In der Zwischenzeit die Schalotten und die Knoblauchzehe schälen. Beides fein hacken und in der mäßig heißen Margarine glasig dünsten.
3. Die Tomaten waschen, vom Stielansatz befreien, vierteln, mit dem Tomatenmark zu den Schalotten geben und mitdünsten.
4. Die Sauce pürieren, mit den Kräutern, mit wenig Kräutersalz und Pfeffer abschmecken und etwas einkochen lassen.
5. Die Nudeln abschütten und mit der Tomatensauce mischen.

7 g Fett
11 g Eiweiß
52 g Kohlenhydrate
9 g Ballaststoffe
330 kcal

Variation
Zu Vollkornnudeln paßt statt der Tomatensauce sehr gut eine Paprika- (Rezept Seite 63) oder eine Kräutersauce (Rezept Seite 62).

Gefüllte Champignonköpfe mit Buchweizen

Zubereitungszeit: ca. 40 Min.

Für 2 Personen

- 60 g Buchweizengrütze
- 1/8 l Gemüsebrühe (Rezept Seite 52)
- 6–8 große Champignons (ca. 300 g)
- 1 mittelgroße Möhre
- 1 kleine Zwiebel
- 1 TL Sonnenblumenöl
- wenig Meersalz
- frisch gemahlener Pfeffer
- wenig Kräutersalz
- 30 g körniger Frischkäse
- 1 EL frisch gehackte Petersilie
- etwas Gemüsebrühe (Rezept Seite 52) zum Dünsten
- 1 EL geriebener Emmentaler 30% Fett i. Tr.

1. Die Buchweizengrütze zuerst mit kaltem, dann mit warmem Wasser waschen. Ohne Fettzugabe in einer Pfanne darren, das heißt, die Grütze wird so lange getrocknet, bis sie leicht nussig duftet. Die Gemüsebrühe angießen, aufkochen lassen und die Buchweizengrütze bei geringer Hitzezufuhr 10 Minuten köcheln lassen.
2. Dann auf der ausgeschalteten Herdplatte noch weitere 10 Minuten nachquellen lassen.
3. Von den gewaschenen Champignons die Stiele herausdrehen und fein würfeln. Die Möhre und die Zwiebel schälen und ebenfalls fein würfeln.
4. Die Möhren-, die Zwiebel- und die Champignonwürfel in dem mäßig heißen Öl glasig dünsten. Dann mit wenig Meersalz würzen und pfeffern.
5. Die Champignonköpfe mit wenig Kräutersalz würzen und in eine feuerfeste Form setzen. Den Backofen auf 200° C vorheizen.
6. Das Gemüse mit dem Frischkäse, der Petersilie und der Buchweizenmasse mischen. Nochmals kräftig abschmecken und in die Champignonköpfe füllen.
7. Soviel Gemüsebrühe angießen, daß der Boden der Form 1/2 bis 1 Zentimeter hoch bedeckt ist und die gefüllten Champignons etwa 25 Minuten backen.
8. Kurz vor dem Ende der Garzeit den Emmentaler darauf streuen und die Champignonköpfe überbacken.

5 g Fett
10 g Eiweiß
28 g Kohlenhydrate
6 g Ballaststoffe
210 kcal

Tip
Dazu passen ein großer Frischkostteller und eine Kräutersauce (siehe Rezept Seite 62).

Gemüsepuffer mit Feldsalat und Radieschen

Keimzeit der Mungobohnen: ca. 3–4 Tage
Zubereitungszeit: ca. ½ Std.

Für 2 Personen

Für die Gemüsepuffer:
60 g Magerquark
20 g Hirsemehl oder Hirseflocken
1 kleine Zwiebel
1 kleine Knoblauchzehe
1 mittelgroße Möhre
100 g Mungobohnenkeimlinge (aus ca. 20 g Samen, siehe auch Seite 126)
1 TL Diätmargarine
wenig Kräutersalz
frisch gemahlener Pfeffer
frisch gehackter Dill
1 Eiweiß
wenig Meersalz

Für den Salat:
etwas Obstessig
1 Msp. Senf
1 EL kaltgepreßtes Sonnenblumenöl
100 g Feldsalat
100 g Radieschen oder Rettich
1 EL Schnittlauchröllchen

Außerdem:
Pflanzenöl zum Ausbacken

1. Den Quark mit dem Hirsemehl oder den Hirseflocken verrühren und quellen lassen.
2. In der Zwischenzeit die Zwiebel und die Knoblauchzehe schälen und beides fein hacken. Die Möhre schälen und grob raspeln, die Mungobohnenkeimlinge blanchieren.
3. Die Zwiebel, den Knoblauch und die Möhre in der mäßig heißen Margarine andünsten und abkühlen lassen. Dann mit den Mungobohnensprossen unter die Quarkmischung heben und mit etwas Kräutersalz, Pfeffer und Dill abschmecken.
4. Das Eiweiß mit wenig Salz zu sehr steifem Schnee schlagen und unter die Bratlingsmasse heben.
5. Für den Salat wenig Kräutersalz unter ständigem Rühren in etwas Obstessig auflösen. Dann den Senf und das Öl darunterrühren.
6. Den Feldsalat putzen, waschen und trockenschleudern. Die Radieschen oder den Rettich in Scheiben schneiden und mit dem Feldsalat unter die Sauce mischen.
7. Die Frischkost mit den Schnittlauchröllchen bestreuen.
8. Aus der Bratlingsmasse acht kleine Puffer formen und in wenig heißem Öl von jeder Seite 2 Minuten braten. Die Puffer mit dem Salat servieren.

15 g Fett
10 g Eiweiß
16 g Kohlenhydrate
5 g Ballaststoffe
250 kcal

Sellerie-Nuß-Küchlein

Zubereitungszeit: ca. 40 Min.

Für 2 Personen

2 Schalotten
1 TL Diätmargarine
60 g grobes Weizenvollkornschrot
1/8 l Gemüsebrühe (Rezept Seite 52)
Currypulver, Koriander
100 g Knollensellerie
1 Apfel
10 Haselnüsse
1 Eiweiß
1 TL Hefeflocken
frisch gemahlener Pfeffer
wenig Meersalz
1 TL Pflanzenöl

1. Die Schalotten schälen, fein würfeln und in der mäßig heißen Diätmargarine andünsten. Das Schrot dazugeben und anschwitzen.
2. Die Gemüsebrühe angießen, aufkochen lassen und das Schrot bei geringer Hitzezufuhr etwa 10 Minuten köcheln lassen.
3. Dann mit etwas Currypulver und Koriander würzen und auf der ausgeschalteten Herdplatte etwa 10 Minuten nachquellen lassen.
4. Inzwischen den Sellerie fein und den gewaschenen Apfel grob raspeln. Die Nüsse grob hacken.
5. Das Eiweiß, den Sellerie und die Nüsse unter die etwas abgekühlte Getreidemasse mischen und mit den Hefeflocken, Pfeffer und Meersalz abschmecken.
6. Aus der Getreidemasse sechs kleine Küchlein formen und sie im heißen Öl auf beiden Seiten braten.

6 g Fett
7 g Eiweiß
28 g Kohlenhydrate
6 g Ballaststoffe
210 kcal

Dinkel-Mais-Küchlein

Zubereitungszeit: ca. 40 Min.

Für 2 Personen

60 g grobes Dinkelschrot
⅛ l Gemüsebrühe (Rezept Seite 52)
frisch gemahlener Koriander
frisch gehackter Thymian
wenig Meersalz
1 kleine Zwiebel
1 TL Diätmargarine
70 g frische oder tiefgekühlte Maiskörner
wenig Kräutersalz
frisch gemahlener Pfeffer
50 g Magerquark
1 Eiweiß
1 TL Pflanzenöl

1. Das Dinkelschrot ohne Fettzugabe in einem heißen Topf erhitzen, bis es leicht nussig duftet. Dann die kalte Gemüsebrühe angießen, aufkochen und das Dinkelschrot bei geringer Hitzezufuhr etwa 10 Minuten köcheln lassen.
2. Mit Koriander, Thymian und wenig Meersalz würzen und auf der ausgeschalteten Herdplatte noch weitere 10 Minuten quellen lassen.
3. Die Zwiebel schälen, ganz fein hacken und in der mäßig heißen Margarine mit dem Mais andünsten.
4. Das etwas abgekühlte Getreide mit der Zwiebel-Mais-Masse und dem Quark mischen und mit wenig Kräutersalz und Pfeffer abschmecken.
5. Das Eiweiß mit wenig Salz zu sehr steifem Schnee schlagen und locker unter die Bratlingsmasse heben.
6. Vier kleine Bratlinge formen und im mäßig heißen Öl auf beiden Seiten leicht bräunen.

6 g Fett
10 g Eiweiß
27 g Kohlenhydrate
5 g Ballaststoffe
210 kcal

Tip
Dazu paßt sehr gut eine Paprikasauce (siehe Rezept Seite 63).

Kartoffel-Kohlrabi-Gratin

Zubereitungszeit: ca. 50 Min.

Für 2 Personen

400 g Kartoffeln
300 g Kohlrabi
1 TL Diätmargarine zum Ausfetten
wenig Kräutersalz
frisch gemahlener Pfeffer
150 g Joghurt 1,5% Fett
20 g geriebener Gouda 30% Fett i. Tr.
1 EL Leinsamen

1. Den Backofen auf 200° C vorheizen. Die Kartoffeln und die Kohlrabi in ganz dünne Scheiben schneiden.
2. Dann beides abwechselnd in eine flache, ausgefettete Auflaufform schichten, dabei jede Lage würzen.
3. Den Joghurt über das Gratin geben und es 35 bis 40 Minuten backen.
4. Kurz vor dem Ende der Garzeit den Käse und den Leinsamen darüberstreuen.

7 g Fett
13 g Eiweiß
43 g Kohlenhydrate
7 g Ballaststoffe
300 kcal

Tip
Dazu paßt ein bunter Salatteller.

Gefüllter Zucchino

Zubereitungszeit: ca. 50 Min.

Für 2 Personen

1 Zucchino (ca. 300 g)
Gemüsebrühe (Rezept Seite 52) zum Blanchieren und Dünsten
2 Kartoffeln
1 kleine Zwiebel
1 TL Pflanzenöl
100 g Sauerkraut
1 Tomate
1 EL Kürbiskerne
3 EL saure Sahne
wenig Kräutersalz
frisch gemahlener Pfeffer
1 EL Schnittlauchröllchen

1. Den Zucchino halbieren, etwa 5 Minuten in kochender Gemüsebrühe oder leicht gesalzenem Wasser blanchieren und anschließend mit kaltem Wasser abschrecken. Mit einem Kaffeelöffel das Fruchtfleisch herauslösen und sehr fein würfeln.
2. Die Kartoffeln schälen und in kleine Würfel schneiden. Die Zwiebel schälen und ebenfalls fein würfeln. Im heißen Öl die Kartoffeln und die Zwiebelwürfel anbraten. Das Sauerkraut dazugeben und alles zugedeckt etwa 5 Minuten dünsten. Den Backofen auf 200°C vorheizen.
3. Die Tomate waschen, vom Stielansatz befreien und fein würfeln. Mit den Kürbiskernen, dem Zucchinofleisch und der sauren Sahne unter die Sauerkraut-Kartoffel-Masse mischen und diese mit wenig Kräutersalz und etwas Pfeffer mild abschmecken.
4. Die Zucchinohälften in eine feuerfeste Form setzen und mit wenig Kräutersalz würzen. Die Sauerkrautmasse in die Zucchinohälften füllen.
5. Soviel Gemüsebrühe angießen, daß der Boden der Form ½ bis 1 Zentimeter hoch bedeckt ist und den Zucchino etwa 30 Minuten backen. Anschließend mit Schnittlauch bestreuen.

9 g Fett
6 g Eiweiß
20 g Kohlenhydrate
5 g Ballaststoffe
200 kcal

Berglinsen mit Auberginen und Mais

Zubereitungszeit: ca. 50 Min.

Für 2 Personen

75 g rote Berglinsen
150 ml ungesalzene Gemüsebrühe (Rezept Seite 52)
etwas Suppengrün
70 g frische oder tiefgekühlte Maiskörner
wenig Meersalz
frisch gemahlener Pfeffer
100 g Aubergine
etwas Zitronensaft
wenig Kräutersalz
1 kleine Zwiebel
50 g grüne Paprikaschote
1 TL Pflanzenöl
1 TL Diätmargarine zum Ausfetten
1 Tomate
20 g geriebener Gouda 30% Fett i. Tr.

1. Die gewaschenen Linsen mit der Gemüsebrühe und dem Suppengrün 20 Minuten kochen. Den dabei entstehenden Schaum mit einer Schaumkelle entfernen.
2. Nach etwa 15 Minuten Garzeit den Mais zu den Linsen geben und mit wenig Meersalz und Pfeffer würzen.
3. Die Aubergine in Scheiben schneiden. Mit Zitronensaft beträufeln, mit wenig Kräutersalz bestreuen und 10 Minuten ziehen lassen.
4. Die Zwiebel schälen und fein würfeln. Den Paprika in kleine Würfel schneiden. Den Backofen auf 200 °C vorheizen.
5. Die Auberginenscheiben im mäßig heißen Öl von beiden Seiten anbräunen, herausnehmen und im selben Öl die Zwiebel und die Paprikawürfel glasig dünsten.
6. Die Linsen in eine ausgefettete, feuerfeste Form geben. Das Paprikagemüse darübergeben. Die Auberginenscheiben und die gewaschene, in Scheiben geschnittene Tomate darauf verteilen.
7. Das Gericht etwa 20 Minuten backen. Dann den Käse darauf streuen und alles nochmals 5 Minuten überbacken.

8 g Fett
14 g Eiweiß
30 g Kohlenhydrate
8 g Ballaststoffe
260 kcal

Tip
Dazu paßt ein Blattsalat.

Tofu in Currygemüse

Zubereitungszeit: ca. 20 Min.

Für 2 Personen

1–2 EL Sojasauce
etwas Zitronensaft
wenig Meersalz
200 g Tofu
1 kleine Zwiebel
1 mittelgroße Möhre
100 g Lauch
½ Apfel
1 EL Sesamöl
⅛ l fettarme Milch
Currypulver
frisch geriebener Ingwer
frisch gemahlener Pfeffer
2 TL saure Sahne
1 EL frisch gehackte Petersilie

1. Aus der Sojasauce, dem Zitronensaft und wenig Meersalz eine Marinade rühren.
2. Den Tofu würfeln und mindestens ¼ Stunde in der Marinade ziehen lassen.
3. In der Zwischenzeit die Zwiebel schälen und fein würfeln. Das geputzte Gemüse und den Apfel in feine Streifen schneiden.
4. In einem Teil des mäßig erhitzten Sesamöls die Zwiebelwürfel andünsten. Dann die Möhren dazugeben und kurz mitdünsten. Die Milch angießen und aufkochen lassen. Nun den Lauch und den Apfel hinzugeben und das Ganze bißfest garen.
5. Die Gemüsesauce kräftig mit Currypulver und Ingwer, aber sparsam mit Meersalz und Pfeffer würzen.
6. Den Tofu abtropfen lassen und im restlichen Sesamöl so lange braten, bis der Tofu fest ist.
7. Die saure Sahne unter das Gemüse ziehen und die Sauce auf zwei Teller anrichten. Die Tofuwürfel darauf verteilen und mit der Petersilie bestreuen.

12 g Fett
16 g Eiweiß
11 g Kohlenhydrate
5 g Ballaststoffe
230 kcal

Tip

Dazu paßt Naturreis (Rezept Seite 67) oder Pellkartoffeln.

Tofu-Gemüse-Medaillons

Quellzeit: ca. ½Std.
Zubereitungszeit: ca. 35 Min.

Für 2 Personen

200 g Tofu
1 kleine Möhre
50 g Knollensellerie
50 g Chamignons
2 Schalotten
wenig Kräutersalz
frisch gemahlener Pfeffer
Currypulver
40 g feines Hafermehl
frisch gehackte Petersilie
1 TL Pflanzenöl

1. Den Tofu in einem Tuch auspressen und anschließend auf der Gemüsereibe fein reiben.

2. Die geschälte Möhre und den Sellerie ebenfalls fein reiben.

3. Die geputzten Champignons und die geschälten Schalotten fein hacken und das Gemüse unter den Tofu mischen.

4. Die Masse mit wenig Kräutersalz, aber kräftig mit Pfeffer und Currypulver abschmecken. Das Hafermehl darunterziehen und die Getreidemasse mindestens ½ Stunde quellen lassen.

5. Die Petersilie unter die Tofumasse mischen, vier Bratlinge formen und sie im mäßig heißen Öl in einer beschichteten Pfanne von beiden Seiten 2 Minuten braten.

9 g Fett
15 g Eiweiß
18 g Kohlenhydrate
4 g Ballaststoffe
220 kcal

Tip

Sollte die Masse nach dem Quellen noch zu weich sein, geben Sie noch etwas Hafermehl oder Hirseflocken dazu.
Zu diesem Gericht passen eine Currysauce (Rezept Seite 64) und Naturreis (Rezept Seite 67).

Bohnenküchlein

Zubereitungszeit: ca. 35 Min.

Für 2 Personen

100 g gekochte weiße Bohnen (aus ca. 40 g Kernen, siehe auch Seite 126)
2 gekochte Pellkartoffeln vom Vortag
1 Eiweiß
20 g geriebener Gouda 30% Fett i. Tr.
1 EL frisch gehackte Petersilie
1–2 EL Vollkornweizengrieß
etwas gerebelter Majoran
frisch geriebene Muskatnuß
wenig Meersalz
frisch gemahlener Pfeffer
1 TL Pflanzenöl

1. Die gekochten Bohnen gut abtropfen lassen, die Kartoffeln pellen und beides durch die grobe Scheibe des Fleischwolfs drehen.
2. Das Eiweiß, den Käse, die Petersilie und den Vollkorngrieß unter die Bohnen-Kartoffel-Masse kneten und kräftig mit Majoran, Muskatnuß, wenig Meersalz und Pfeffer würzen.
3. Aus der Masse vier Küchlein formen und sie im mäßig heißen Öl in einer beschichteten Pfanne von beiden Seiten 3 bis 4 Minuten braten.

5 g Fett
18 g Eiweiß
44 g Kohlenhydrate
14 g Ballaststoffe
310 kcal

Tip
Zu den Küchlein paßt sehr gut eine Paprikasauce (Rezept Seite 63). Geben Sie zuerst nur 1 Eßlöffel Grieß unter die Masse; sollte der Teig noch zu weich sein, können Sie je nach Bedarf noch etwas Grieß dazukneten.

Adzukibohnen-cassoulet mit Tofu

Quellzeit der Adzukibohnen: ca. 3 Std.
Zubereitungszeit: ca. 1 Std.

2 Personen

- 100 g Adzukibohnen
- 400 ml ungesalzene Gemüsebrühe (Rezept Seite 52)
- 1 kleine Zwiebel
- 1 Knoblauchzehe
- wenig Meersalz
- 1 TL Diätmargarine
- 1 mittelgroße Möhre
- 100 g Lauch
- 100 g Tofu
- 1 TL Sesamöl
- frisch gemahlener Pfeffer
- frisch gehacktes Basilikum
- frisch gehackter Thymian
- Gemüsebrühe (Rezept Seite 52) zum Garen
- 1 EL Sojasauce
- einige Tropfen Obstessig

1. Die Adzukibohnen mindestens 3 Stunden in der heißen Gemüsebrühe quellen lassen. Noch besser ist es, die Bohnen über Nacht einzuweichen, dadurch verringert sich die Kochzeit. Danach die Adzukibohnen abseihen.
2. Die Zwiebel und die Knoblauchzehe schälen. Die Zwiebel fein hacken. Die Knoblauchzehe mit wenig Meersalz zerdrücken.
3. Die Diätmargarine in einer feuerfesten Form erhitzen. Die Zwiebel mit dem Knoblauch und den abgeschütteten Bohnen darin andünsten.
4. Die geschälte Möhre, den Lauch und den Tofu fein würfeln.
5. Den Tofu im heißen Sesamöl so lange erhitzen, bis er fest ist.
6. Das Gemüse und den Tofu mit der Bohnen-Zwiebel-Masse in die Auflaufform schichten. Dabei jede Lage wenig salzen, pfeffern und mit Basilikum und Thymian bestreuen.
7. Zum Schluß alles mit der Sojasauce beträufeln. Dann soviel Gemüsebrühe angießen, daß alle Zutaten gerade bedeckt sind.
8. Das Cassoulet auf dem Herd aufkochen. Dann im Ofen so lange garen, bis die Bohnen aufgequollen sind und das Gemüse gar ist. Dies dauert etwa 40 Minuten.
9. Vor dem Servieren das Cassoulet eventuell nachwürzen und mit etwas Obstessig säuern.

8 g Fett
18 g Eiweiß
28 g Kohlenhydrate
15 g Ballaststoffe
270 kcal

Lammfilet mit Mangold

Marinierzeit: ca. 3 Std.
Zubereitungszeit: ca. 1/4 Std.

Für 2 Personen

- 2 EL trockener Rotwein
- Saft von 1/2 Zitrone
- 2 TL Pflanzenöl
- 1/4 Bund Basilikum
- 1 Zweig Rosmarin
- 150 g Lammrückenfilet
- 300 g Mangold
- wenig Meersalz
- 1 kleine rote Zwiebel
- 2 Knoblauchzehen
- 1 TL Diätmargarine
- frisch gemahlener Pfeffer

1. Den Rotwein mit dem Zitronensaft und 1 Teelöffel Öl mischen. Die Basilikumblätter grob hacken und mit dem Rosmarin in die Marinade geben.
2. Das Lammfleisch häuten und mindestens 3 Stunden in der Marinade ziehen lassen.
3. Vom Mangold die Blätter abschneiden und grob hakken. Die Stiele 4 Minuten in kochendem Salzwasser blanchieren. Im kalten Wasser abschrecken und in feine Streifen schneiden.
4. Die Zwiebel und die Knoblauchzehen schälen. Die Zwiebel achteln und die Knoblauchzehen zerdrükken. Beides in der mäßig heißen Margarine glasig dünsten.
5. Die Mangoldstreifen hinzufügen und 5 Minuten mitdünsten. Nun die Mangoldblätter dazugeben, mit wenig Meersalz und Pfeffer würzen und das Gemüse bißfest dünsten.
6. Inzwischen das Lammfleisch trockentupfen. Mit wenig Meersalz und Pfeffer würzen und im restlichen Öl 5 Minuten braten. Dabei das Fleisch des öfteren wenden. Die Filets aus der Pfanne nehmen und warm halten.
7. Das Fett abgießen und den Bratensatz mit der Marinade ablöschen. Das Ganze aufkochen lassen und mit Pfeffer und wenig Salz würzen.
8. Das Fleisch in Scheiben schneiden und mit dem Gemüse auf zwei vorgewärmten Tellern anrichten. Anschließend mit der Sauce beträufeln.

8 g Fett
16 g Eiweiß
7 g Kohlenhydrate
4 g Ballaststoffe
180 kcal

Tip
Dazu paßt sehr gut Kurkumareis (Rezept Seite 67) oder Folienkartoffeln (Rezept Seite 67).

Gegrilltes Lamm mit Erbsen und Auberginen-Zucchini-Gemüse

Quellzeit der Erbsen: ca. 8 Std.
Marinierzeit des Lammfleischs: ca. ½ Std.
Zubereitungszeit: 1½ Std.

Für 2 Personen

Für die Erbsen:
- 100 g gelbe ungeschälte Erbsen
- 600 ml ungesalzene Gemüsebrühe (Rezept Seite 52)
- 1 kleine rote Zwiebel
- 1 Knoblauchzehe
- 100 g grüne Paprikaschote
- 1 TL Diätmargarine

Für das Lamm:
- 1 Schalotte
- 1 kleine Knoblauchzehe
- 1 EL trockener Rotwein
- 1 TL Pflanzenöl
- 4 kleine Lammkoteletts (à 60 g)
- 1 Zweig Thymian
- 1 Zweig Rosmarin
- 1 Zweig Oregano

Für das Gemüse:
- 150 g Aubergine
- 150 g Zucchino
- etwas Zitronensaft
- wenig Kräutersalz
- 1 TL Pflanzenöl

Außerdem:
- wenig Meersalz
- 1 Msp. Cayennepfeffer

1. Die Erbsen in der Gemüsebrühe mindestens 8 Stunden, am besten über Nacht, quellen lassen.
2. Danach die Erbsen mit der Gemüsebrühe etwa 1¼ Stunden kochen, bis sie weich sind.
3. In der Zwischenzeit die Zwiebel und die Knoblauchzehe schälen. Die Zwiebel und die Paprikaschote fein würfeln. Die Knoblauchzehe zerdrücken.
4. Die Zwiebel- und die Paprikawürfel sowie die zerdrückte Knoblauchzehe in der mäßig heißen Margarine glasig dünsten und beiseite stellen.
5. Für die Lammarinade die Schalotte und die Knoblauchzehe schälen und fein hacken. Mit dem Rotwein und dem Öl mischen.
6. Die Lammkoteletts vom Fett befreien und mit der Rotweinmarinade einreiben. Die Kräuterzweige auf das Fleisch legen und es mindestens ½ Stunde ziehen lassen.
7. Die Aubergine und den Zucchino in 2 Zentimeter dicke Scheiben schneiden. Die Auberginenscheiben mit etwas Zitronensaft beträufeln, dann mit wenig Kräutersalz würzen und mindestens 10 Minuten ziehen lassen. Den Backofen auf 200°C vorheizen.
8. Die Auberginenscheiben trockentupfen und die Zucchinoscheiben mit wenig Kräutersalz würzen.
9. Das Gemüse auf ein mit Backtrennpapier ausgelegtes Backblech setzen, mit dem Öl bepinseln und im vorgeheizten Backofen 15 bis 20 Minuten backen oder in einer Pfanne braten.
10. Die Koteletts aus der Marinade nehmen, trockentupfen und im Elektrogrill von beiden Seiten 3 bis 5 Minuten grillen oder in einer Pfanne braten.
11. Die gedünsteten Zwiebeln und Paprikaschoten unter die Erbsen mischen, alles nochmals kurz erhitzen und mit wenig Salz und Cayennepfeffer würzen.
12. Die Koteletts mit dem Gemüse und den Erbsen servieren.

23 g Fett
29 g Eiweiß
37 g Kohlenhydrate
12 g Ballaststoffe
510 kcal

Gemüse-Lamm-Pilaw

Quellzeit der Kichererbsen: ca. 8 Std.
Zubereitungszeit: ca. 1¼ Std.

Für 2 Personen

40 g Kichererbsen
100 g Lammfleisch aus der Schulter
wenig Meersalz
frisch gemahlener Pfeffer
Currypulver
1 kleine rote Zwiebel
1 Knoblauchzehe
40 g Naturreis (Langkorn)
3 TL Pflanzenöl
400 ml ungesalzene Gemüsebrühe (Rezept Seite 52)
100 g Aubergine
100 g gelber oder grüner Zucchino
150 g rote Paprikaschote
wenig Kräutersalz
etwas Zitronensaft
frisch geriebener Ingwer
1 EL frisch gehackte Blattpetersilie

1. Die Kichererbsen verlesen, waschen und in der vierfachen Menge Wasser mindestens 8 Stunden, besser noch über Nacht, quellen lassen.
2. Das Lammfleisch von der Haut und den Sehnen befreien, quer zur Faser in 10 gleich große Stücke schneiden und mit wenig Salz, Pfeffer und Currypulver würzen.
3. Die Zwiebel und die Knoblauchzehe schälen und beides fein hacken.
4. Den Reis zuerst mit kaltem, dann mit warmem Wasser waschen und abtropfen lassen.
5. Nun 1 Teelöffel Öl erhitzen und das gewürzte Fleisch darin 5 Minuten anbraten.
6. Dann die Zwiebel, den Knoblauch, die Kichererbsen und den Reis hinzufügen. Die heiße Gemüsebrühe angießen, aufkochen lassen und bei geringer Hitzezufuhr 50 bis 60 Minuten garen.
7. In der Zwischenzeit die Aubergine, den Zucchino und die Paprikaschote in 1 Zentimeter große Würfel schneiden. Die Aubergine mit wenig Kräutersalz würzen, mit Zitronensaft beträufeln und 10 Minuten ziehen lassen.
8. Das restliche Öl erhitzen. Zuerst die etwas ausgedrückten Auberginen, dann den Zucchino und zum Schluß die Paprikawürfel bei mittlerer Hitze rundherum braten.
9. Das Gemüse mit wenig Meersalz, Pfeffer und Ingwer würzen. Das Ganze locker unter den Pilaw mischen und alles noch weitere 10 Minuten garen.
10. Den Pilaw nochmals kräftig würzen und mit der Petersilie bestreuen.

17 g Fett
18 g Eiweiß
32 g Kohlenhydrate
7 g Ballaststoffe
380 kcal

Marinierte Putenkeule mit roten Linsen

Marinierzeit der Putenkeule: ca. 3 Std.
Zubereitungszeit: ca. 1 Std.

Für 2 Personen

60 ml trockener Rotwein
5 Schalotten
2 Knoblauchzehen
280 g Putenoberkeule (ca. 200 g Fleisch)
¼ Bund Petersilie
wenig Meersalz
frisch gemahlener Pfeffer
1 TL Pflanzenöl
100 g rote Linsen
¼ l ungesalzene Gemüsebrühe (Rezept Seite 52)
100 g Lauch
½ Bund Majoran
etwas Rotweinessig

1. Den Rotwein mit den geschälten, halbierten Schalotten und Knoblauchzehen erhitzen und wieder abkühlen lassen.
2. Das Fleisch waschen, trockentupfen und mit der Petersilie 3 Stunden in der Marinade ziehen lassen.
3. Dann das Fleisch aus der Marinade nehmen, trockentupfen, wenig salzen, pfeffern und im mäßig heißen Öl von allen Seiten anbraten.
4. Das Fleisch herausnehmen und das Fett abschütten. Den Bratensatz mit der Marinade ablöschen und loskochen. Das Fleisch wieder in den Topf geben und 1 Stunde weich schmoren.
5. Inzwischen die gewaschenen Linsen mit der Gemüsebrühe 25 bis 30 Minuten kochen.
6. Den Lauch in breite Streifen schneiden und 10 Minuten bevor die Linsen gar sind mit den Hülsenfrüchten mischen. Die Linsen mit dem feingehackten Majoran, etwas Rotweinessig, wenig Salz und Pfeffer pikant abschmecken.
7. Das Fleisch vom Knochen lösen und in Scheiben schneiden. Die Sauce noch etwas einkochen lassen, mit den Gewürzen abschmecken und mit den Linsen zum Fleisch reichen.

12 g Fett
35 g Eiweiß
35 g Kohlenhydrate
8 g Ballaststoffe
430 kcal

Tip
Dazu passen Pellkartoffeln oder Vollkornteigwaren ohne Ei.

Mais-Bohnen-Gemüse mit Hähnchenbruststreifen

Quellzeit der Bohnen: ca. 10 Std.
Zubereitungszeit: ca. 1 Std.

Für 2 Personen

80 g schwarze Bohnen
350 ml ungesalzene Gemüsebrühe (Rezept Seite 52)
1 Lorbeerblatt
2 Zweige Bohnenkraut
3–4 schwarze Pfefferkörner
1 kleine Möhre
50 g Knollensellerie
50 g Lauch
1 Maiskolben oder 170 g frische oder tiefgekühlte Maiskörner
1 kleine rote Zwiebel
100 g Hähnchenbrust
2 TL Pflanzenöl
frisch gemahlener Pfeffer
wenig Meersalz
¼ Bund Blattpetersilie

1. Die Bohnen verlesen und waschen. Mit der vierfachen Menge Wasser mindestens 10 Stunden, am besten über Nacht, quellen lassen.
2. Am nächsten Tag die Bohnen abseihen, gut abtropfen lassen und mit der Gemüsebrühe 10 Minuten bei geöffnetem Topf kochen. Das Lorbeerblatt mit dem Bohnenkraut und einigen Pfefferkörnern in ein Leinensäckchen geben, es zubinden, in den Bohnensud hängen und das Ganze bei geringer Hitzezufuhr zugedeckt 1 Stunde köcheln lassen.
3. Inzwischen das Gemüse in ½ Zentimeter große Würfel schneiden. Die Maiskörner mit einem scharfen Messer aus dem Kolben lösen, waschen und trockentupfen. Die Zwiebel schälen und in feine Streifen schneiden.
4. Die Hähnchenbrust von der Haut befreien, waschen, trockentupfen und quer zur Faser in ½ Zentimeter breite Streifen schneiden.
5. Die Möhre, den Sellerie und den Lauch mit den Zwiebelstreifen in 1 Teelöffel Öl anbraten und ¼ Stunde bevor die Bohnen gar sind mit den Hülsenfrüchten mischen.
6. Das Hähnchenfleisch mit Pfeffer und wenig Salz würzen und in dem restlichen Öl 3 Minuten braten. Das Fleisch herausnehmen und warm halten.
7. Die Maiskörner im verbliebenen Bratfett schwenken, 1 Eßlöffel Gemüsebrühe dazugeben und das Gemüse 5 Minuten dünsten.
8. Das Gewürzsäckchen aus den Bohnen nehmen und das Gericht mit wenig Salz und Pfeffer abschmecken.
9. Das Hähnchenfleisch unter den Mais mischen und auf das Bohnengemüse geben. Mit der frisch gehackten Blattpetersilie bestreuen.

6 g Fett
25 g Eiweiß
38 g Kohlenhydrate
16 g Ballaststoffe
330 kcal

Tip
Dazu paßt Vollkornfladenbrot.

Putensteak mit Früchten und Currysauce

Zubereitungszeit: ca. 25 Min.

Für 2 Personen

Für die Currysauce:

½ Schalotte
25 g Apfel
1 TL Diätmargarine
1 TL Hirsemehl
Currypulver
40 ml Gemüsebrühe (Rezept Seite 52)
20 g Banane
frisch gemahlener weißer Pfeffer
wenig Meersalz

Für die Putensteaks:

2 Putensteaks (à 100 g)
½ Banane
100 g frische Ananas
2 Kirschen

1. Für die Currysauce die Schalotte schälen und zusammen mit dem Apfel fein würfeln. Dann in der mäßig heißen Margarine andünsten.
2. Das Hirsemehl und etwas Currypulver dazugeben und kurz anschwitzen. Die kalte Gemüsebrühe angießen und die Sauce unter ständigem Rühren aufkochen lassen.
3. Die Banane würfeln, in die Sauce geben, nochmal kurz aufkochen lassen, mit Pfeffer und wenig Meersalz würzen und anschließend die Sauce pürieren.
4. Den Elektrogrill vorheizen. Die Putensteaks waschen und trockentupfen.
5. Dann die Steaks von beiden Seiten 2 bis 3 Minuten grillen, mit wenig Meersalz und Pfeffer würzen und warm halten.
6. Inzwischen die halbierte Bananenhälfte und die Ananas auf den Grill legen und anbräunen.
7. Die Sauce nochmals kurz erwärmen, auf zwei Teller geben und die Steaks darauf setzen. Mit dem gegrillten Obst und den Kirschen garnieren.

3 g Fett
25 g Eiweiß
13 g Kohlenhydrate
2 g Ballaststoffe
210 kcal

Tip
Dazu paßt Gemüsereis mit Ingwer abgeschmeckt (Rezept Seite 67).

Szegediner Putengulasch

Zubereitungszeit: ca. 50 Min.

Für 2 Personen

- 200 g Putenfleisch aus der Keule
- frisch gemahlener Pfeffer
- gerebelter Majoran
- wenig Meersalz
- 1 kleine Zwiebel
- 1 Knoblauchzehe
- 1 TL Pflanzenöl
- Rosenpaprikapulver
- ¼ l Gemüsebrühe (Rezept Seite 52)
- 3 Tomaten
- 1 Paprikaschote
- 200 g Sauerkraut
- einige Kapern
- 1 El frisch gehackte Blattpetersilie
- 2 TL saure Sahne

1. Das Putenfleisch waschen, trockentupfen und würfeln. Mit Pfeffer, Majoran und wenig Meersalz würzen.
2. Die Zwiebel und die Knoblauchzehe schälen. Die Zwiebel in feine Scheiben schneiden und die Knoblauchzehe zerdrücken.
3. Das Öl erhitzen, die Zwiebel und den Knoblauch darin goldgelb anbraten. Das Paprikapulver hineinstreuen und sofort mit 2 Eßlöffeln Gemüsebrühe ablöschen.
4. Das Fleisch hineingeben und bei mittlerer Hitzezufuhr so lange schmoren, bis alle Flüssigkeit verdampft ist.
5. Inzwischen die Tomaten waschen und in Würfel schneiden. Zum Fleisch geben und andünsten. Dann die heiße Gemüsebrühe angießen und das Gulasch zugedeckt 20 Minuten köcheln lassen.
6. Die Paprikaschote putzen und in feine Streifen schneiden. Das Sauerkraut und die Kapern grob hacken.
7. Das Gemüse unter das Fleisch mischen und alles weitere 20 Minuten garen, bis das Fleisch weich ist.
8. Das Gulasch nochmals abschmecken, auf zwei angewärmte Teller verteilen und mit der Petersilie bestreuen und die saure Sahne darübergeben.

6 g Fett
28 g Eiweiß
9 g Kohlenhydrate
5 g Ballaststoffe
220 kcal

Geschnetzeltes Rindfleisch aus dem Wok

Zubereitungszeit: ca. ½ Std.

Für 2 Personen

- 180 g Rumpsteak ohne Fettrand
- 1 EL Sojasauce
- 1 Knoblauchzehe
- wenig Meersalz
- 100 g Blumenkohl
- 50 g Petersilienwurzel
- 1 mittelgroße Möhre
- 100 g Shiitakepilze
- 10 g frischer Ingwer
- 2 TL Pflanzenöl
- frisch gemahlener Pfeffer

1. Das Fleisch waschen und trockentupfen. In feine Streifen schneiden und in der Sojasauce etwas marinieren.
2. Inzwischen die Knoblauchzehe schälen und mit wenig Meersalz zerdrücken. Den Blumenkohl in kleine Röschen teilen.
3. Die Petersilienwurzel und die geschälte Möhre in feine Stifte schneiden. Die Pilze in mehrere Stücke teilen. Den Ingwer schälen und in feine Streifen schneiden oder grob raspeln.
4. Etwa 1 Teelöffel Öl im Wok erhitzen und die Hälfte der Knoblauchzehe darin rasch anbraten. Das Gemüse und die Pilze dazugeben und unter ständigem Rühren bißfest garen. Aus dem Wok nehmen und warm halten.
5. Das Fleisch mit Pfeffer und wenig Salz würzen. Das restliche Öl im Wok erhitzen. Die Fleischstreifen dazugeben und rasch anbraten.
6. Die restliche Knoblauchzehe, den Ingwer und etwas Currypulver daruntermischen und alles so lange braten, bis das Fleisch gar ist.
7. Das Gemüse wieder hinzufügen, nochmals kurz erhitzen und das Gericht eventuell mit etwas Sojasauce nachwürzen.

10 g Fett
20 g Eiweiß
13 g Kohlenhydrate
4 g Ballaststoffe
240 kcal

Tip
Dazu paßt Kurkumareis (Rezept Seite 67). Statt des Woks können Sie auch eine große schwere Pfanne verwenden.

Variation
Unter das Gemüse können sehr gut auch Sojabohnenkeimlinge gemischt werden.

Roastbeef mit Kräuterkruste

Marinierzeit: ca. 2 Std.
Zubereitungszeit: ca. 10 Min.

Für 2 Personen

- 200 g Roastbeef ohne Fettrand
- 1 TL Pflanzenöl
- 1 Msp. provenzalische Kräuter
- 1 Schalotte
- ½ Knoblauchzehe
- 2 Bund frische Kräuter (Liebstöckel, Petersilie, Zitronenmelisse, Thymian, Majoran, einige Nadeln Rosmarin und Estragon)
- ½ TL Dijonsenf
- frisch gemahlener Pfeffer
- wenig Meersalz

1. Das Fleisch waschen und trockentupfen. Das Öl mit den provenzalischen Kräutern mischen und das Fleisch damit einreiben. Abgedeckt mindestens 2 Stunden durchziehen lassen.
2. Die Schalotte und die Knoblauchzehe schälen und beides fein hacken. Die Kräuter fein hacken, mit dem Knoblauch, der Schalotte und dem Senf mischen und die Masse mit Pfeffer und wenig Salz würzen.
3. Das Fleisch auf dem vorgeheizten Grill oder in einer Pfanne von beiden Seiten 2 Minuten grillen bzw. braten. Die Kräuterpaste auftragen und das Roastbeef bis zum gewünschten Garpunkt weiterbraten.
4. Das Roastbeef einige Minuten ruhen lassen. Erst dann in Scheiben schneiden und auf zwei vorgewärmten Tellern verteilen.

18 g Fett
20 g Eiweiß
2 g Kohlenhydrate
0 g Ballaststoffe
270 kcal

Gefülltes Roastbeef

Zubereitungszeit: ca. 20 Min.

Für 2 Personen

Für die Füllung:

50 g Makrelenfilet
½ Scheibe Vollkorntoast
1 Frühlingszwiebel
einige Tropfen Eiweiß

Für das Roastbeef:

200 g Roastbeef ohne Fettrand
frisch gemahlener Pfeffer
wenig Meersalz

1. Vom Fischfilet eventuell noch vorhandene Gräten sorgfältig entfernen und das Filet im Mixer sehr fein hakken. Den Vollkorntoast fein zerreiben.
2. Die Frühlingszwiebel putzen, fein hacken und zusammen mit den Toastbröseln und etwas Eiweiß unter das Fischmus ziehen.
3. Eine Tasche in das Steak schneiden und die Füllung hineinstreichen. Anschließend das Fleisch mit einem Zahnstocher zustecken.
4. Das Roastbeef mit Pfeffer und wenig Meersalz würzen und auf dem vorgeheizten Grill oder in der Pfanne bis zum gewünschten Punkt (nicht zu blutig) braten.
5. Das Fleisch kurz ruhen lassen. Dann den Zahnstocher entfernen, das Fleisch in Scheiben schneiden und auf zwei vorgewärmte Teller geben.

22 g Fett
27 g Eiweiß
4 g Kohlenhydrate
0 g Ballaststoffe
370 kcal

Tip

Dazu passen Gemüse der Saison und Folienkartoffeln (Rezept Seite 67).

Rehrücken-medaillons auf warmem Berglinsensalat

Keimzeit der Berglinsen: ca. 3 Tage
Zubereitungszeit: ca. 40 Min.

Für 2 Personen

Für die Salatsauce:
wenig Kräutersalz
1–2 TL Balsamessig (Aceto balsamico)
1 Msp. feingehackter Knoblauch
frisch gemahlener schwarzer Pfeffer
1 TL Distelöl

Für den Salat:
50 g Berglinsenkeimlinge (aus ca. 10 g Linsen; siehe auch Seite 126)
wenig Meersalz
20 g Möhre
20 g Petersilienwurzel
20 g Bleichsellerie
1 Schalotte
1 TL Pflanzenöl
1 EL Gemüsebrühe (Rezept Seite 52)

Für die Medaillons:
160 g Rehfilet (1–2 Stück)
einige Blätter Friséesalat
1 TL frisch gehackte Blattpetersilie

1. Wenig Kräutersalz so lange mit dem Balsamessig verrühren, bis es sich aufgelöst hat, und den Knoblauch sowie etwas Pfeffer und das Distelöl daruntermischen.
2. Die Linsen in kochendem, wenig gesalzenem Wasser 2 Minuten blanchieren, abschütten und in der Salatsauce ziehen lassen.
3. Inzwischen das Gemüse und die geschälte Schalotte in feine Streifen schneiden. In dem Öl und der Gemüsebrühe bißfest dünsten. Anschließend unter die Linsen mischen.
4. Das gehäutete Rehfilet waschen, trockentupfen und 2 bis 3 Minuten grillen. Anschließend salzen und pfeffern.
5. Den Linsensalat nochmals kräftig abschmecken und auf den vorbereiteten Friséeblättern anrichten. Das Rehfilet in sechs Scheiben schneiden, auf den Salat geben und mit der Petersilie garnieren.

9 g Fett
18 g Eiweiß
7 g Kohlenhydrate
1 g Ballaststoffe
190 kcal

Tip
Dazu paßt Vollkornbaguette (Rezept Seite 18).

Variation
Statt des Rehfilets können Sie auch Kalbs- oder Rinderfilet verwenden.

Kartoffelrösti mit Matjestatar

Zubereitungszeit: ca. ½ Std.

Für 2 Personen

Für die Kartoffelrösti:

- 400 g Kartoffeln
- frisch gehackter Majoran
- frisch geriebene Muskatnuß
- frisch gemahlener Pfeffer
- wenig Kräutersalz
- 1 TL Pflanzenöl

Für das Matjestatar:

- 140 g Matjesfilet
- 2 Schalotten
- 50 g Salatgurke
- 1 TL Kapern
- 1 EL saure Sahne
- etwas mildes Paprikapulver
- einige Dillzweige

1. Die Kartoffeln grob raspeln, sofort mit Majoran, Muskatnuß, Pfeffer und wenig Kräutersalz würzen. Die Matjesfilets in kaltes Wasser legen, dadurch vermindert sich ihr Salzgehalt.

2. In der Zwischenzeit aus der Kartoffelmasse im heißen Öl sechs kleine Rösti backen. Dazu jeweils ein Sechstel der geraspelten Kartoffeln in ein wenig heißes Öl geben und mit dem Löffel glattstreichen. Die Pfanne abdecken und die Rösti einige Minuten braten. Dann mit Hilfe eines Pfannenwenders umdrehen und die zweite Seite bei offener Pfanne bräunen.

3. Das gewässerte Matjesfilet fein würfeln.

4. Die Schalotte schälen und mit der Salatgurke sowie den Kapern fein hakken und alles unter die saure Sahne ziehen.

5. Die Sauce mit Paprika und Pfeffer abschmecken. Das gewürfelte Matjesfilet locker darunterheben und mit einigen Dillzweigen garnieren.

6. Die Kartoffelrösti mit dem Matjestatar anrichten.

10 g Fett
16 g Eiweiß
39 g Kohlenhydrate
5 g Ballaststoffe
330 kcal

Kartoffeln mit Lachs und Currysauce

Zubereitungszeit: ca. 35 Min.

Für 2 Personen

500 g Kartoffeln mit Schale
2 EL Magerquark
2 EL Joghurt 1,5% Fett
1 TL Zitronensaft
½ TL Currypulver
wenig Meersalz
frisch gemahlener Pfeffer
1 Apfel
100 g Gravad Lachs (gebeizter Lachs)
einige Dillzweige

1. Die Kartoffeln je nach Größe 15 bis 20 Minuten in kochendem, leicht gesalzenem Wasser garen oder dämpfen.

2. Inzwischen den Quark und den Joghurt mit dem Zitronensaft verrühren. Das Ganze pikant mit Currypulver, wenig Meersalz und Pfeffer abschmecken.

3. Den Apfel waschen, entkernen, in ganz feine Würfel schneiden und unter die Sauce ziehen.

4. Die Sauce auf zwei Teller verteilen, mit feingehacktem Dill bestreuen und den Gravad Lachs dazulegen.

5. Die Pellkartoffeln schälen und zu der Sauce reichen.

2 g Fett
17 g Eiweiß
50 g Kohlenhydrate
7 g Ballaststoffe
310 kcal

Artischockenrisotto mit Seeteufel

Zubereitungszeit: ca. 50 Min.

Für 2 Personen

- 1 kleine rote Zwiebel
- 1 EL Pflanzenöl
- 90 g Naturreis (Rundkorn)
- 200 ml ungesalzene Gemüsebrühe (Rezept Seite 52)
- 100 g Seeteufelfilet
- etwas Zitronensaft
- 100 g Erbsen
- 50 g gegarte Artischockenherzen (aus der Dose)
- wenig Meersalz
- frisch gemahlener Pfeffer
- 50 g Paprikaschote
- 50 g Aubergine
- 1 TL Sonnenblumenöl
- wenig Kräutersalz
- 1 EL frisch gehackte Petersilie
- 30 g geriebener Gouda 30% Fett i. Tr.

1. Die Zwiebel schälen, fein hacken und im mäßig heißen Öl glasig dünsten.
2. Den Naturreis zuerst mit kaltem, dann mit warmem Wasser waschen. Zur Zwiebel geben und mit der heißen Gemüsebrühe auffüllen. Aufkochen lassen und den Reis bei geringer Hitzezufuhr 30 bis 40 Minuten köcheln lassen.
3. Inzwischen das Seeteufelfilet in 1 Zentimeter große Würfel schneiden, waschen, trockentupfen und mit Zitronensaft beträufeln.
4. Die Erbsen und die halbierten Artischockenherzen zum Reis geben und 5 Minuten mitgaren. Dann den Reis mit wenig Meersalz und Pfeffer würzen und auf der ausgeschalteten Herdplatte noch 10 Minuten nachquellen lassen.
5. In der Zwischenzeit den Seeteufel im heißen Öl kurz von beiden Seiten braten. Wenig salzen und pfeffern.
6. Die Paprikaschote und die Aubergine fein würfeln und im mäßig heißen Öl bißfest dünsten. Mit wenig Kräutersalz und Pfeffer würzen und zusammen mit dem Seeteufel vorsichtig unter den Reis heben.
7. Die Petersilie mit dem Käse mischen und über den Reis streuen.

12 g Fett
17 g Eiweiß
45 g Kohlenhydrate
7 g Ballaststoffe
380 kcal

Rotbarschfilet mit Topinambur-Zucchini-Kruste

Zubereitungszeit: ca. 1 Std.

Für 2 Personen

- 200 g Topinambur (kartoffelähnliche Knollenfrucht; siehe auch Tip Seite 49)
- 100 g Zucchino
- 250 g Rotbarschfilet
- etwas Zitronensaft
- wenig Meersalz
- frisch gemahlener Pfeffer
- wenig Kräutersalz
- 1 TL Diätmargarine zum Ausfetten
- frisch gehacktes Basilikum
- etwas Gemüsebrühe (Rezept Seite 52) oder trockener Weißwein zum Dünsten
- 20 g geriebener Emmentaler 30% Fett i. Tr.
- 1 EL frisch gehackte Petersilie

1. Die sehr gut abgebürsteten Topinamburknollen bißfest dämpfen oder in wenig Wasser garen. Je nach Größe dauert dies etwa 10 Minuten, die Knollen werden jedoch sehr unterschiedlich schnell gar. Nach dem Garen den Topinambur im Eiswasser abschrecken.
2. Inzwischen den Zucchino in Scheiben schneiden und blanchieren, danach ebenfalls kalt abschrecken.
3. Das Fischfilet waschen, trockentupfen und mit etwas Zitronensaft beträufeln. Den Fisch mit wenig Meersalz würzen, pfeffern und in eine ausgefettete Auflaufform geben. Den Backofen auf 175°C vorheizen.
4. Die Topinamburknollen in dünne Scheiben schneiden und zusammen mit den Zucchinoscheiben schuppenartig auf den Fisch legen. Das Gemüse mit wenig Kräutersalz und viel Basilikum bestreuen.
5. Soviel Gemüsebrühe oder Weißwein angießen, daß der Boden der Auflaufform ½ bis 1 Zentimeter bedeckt ist, und auf der Herdplatte zum Kochen bringen.
6. Den Käse darauf streuen und das Gericht 15 bis 20 Minuten backen. Vor dem Servieren mit Petersilie garnieren.

7 g Fett
26 g Eiweiß
5 g Kohlenhydrate
13 g Ballaststoffe
210 kcal

Tip
Dazu passen Folienkartoffeln (Rezept Seite 67).

Makrelen auf Gemüseragout

Zubereitungszeit: ca. 35 Min.

Für 2 Personen

100 g gelbe Paprikaschote
4 Tomaten
100 g Aubergine
Saft von ½ Zitrone
wenig Kräutersalz
1 kleine rote Zwiebel
2 Knoblauchzehen
¼ Bund Basilikum
1 Zweig Thymian
2 Makrelenfilets (à 150 g)
1 TL Pflanzenöl
1 TL Tomatenmark
1 TL Maisgrieß
1 EL Gemüsebrühe (Rezept Seite 52)
wenig Meersalz
frisch gemahlener Pfeffer
etwas abgeriebene Schale einer unbehandelten Zitrone

1. Die Paprikaschote grob würfeln. Die gewaschenen Tomaten vom Stielansatz befreien und grob würfeln.
2. Die Aubergine grob würfeln, mit etwas Zitronensaft beträufeln, mit wenig Kräutersalz würzen und 10 Minuten ziehen lassen.
3. In der Zwischenzeit die Zwiebel und die Knoblauchzehen schälen und beides fein hacken.
4. Die Basilikumblätter fein hacken. Die Thymianblätter von den Stielen abstreifen.
5. Die Fischfilets waschen, trockentupfen und mit dem restlichen Zitronensaft beträufeln.
6. Im erhitzten Öl die ausgedrückten Auberginenwürfel 2 Minuten anbräunen. Dann die Zwiebel, den Knoblauch und die Paprikawürfel 5 Minuten mitdünsten.
7. Nun das Tomatenmark dazugeben und anschwitzen. Den Maisgrieß einstreuen und das Ganze mit der Gemüsebrühe aufkochen lassen.
8. Die Makrelenfilets mit wenig Meersalz und Pfeffer würzen und auf das Gemüse setzen. Die Tomatenwürfel mit dem Basilikum und dem Thymian mischen, auf die Fischfilets geben und das Ganze mit etwas Zitronenschale bestreuen.
9. Das Gericht zugedeckt bei schwacher Hitzezufuhr etwa 10 Minuten garen.

14 g Fett
38 g Eiweiß
17 g Kohlenhydrate
8 g Ballaststoffe
380 kcal

Tip

Dazu paßt Naturreis (Rezept Seite 67) oder gebackene Kartoffeln (Rezept Seite 67).

Kabeljau in Chinakohl auf Currysauce

Zubereitungszeit: ca. 40 Min.

Für 2 Personen

Für die Kabeljauröllchen:

- 200 g Kabeljaufilet, gut gekühlt
- 4 große Chinakohlblätter
- 1 EL fein gehackter Lauch
- 1 EL fein gehackte Möhre
- 1 Eiweiß
- 2 EL Joghurt 1,5% Fett
- wenig Meersalz
- frisch gemahlener Pfeffer
- 1 TL Zitronensaft

Für die Currysauce:

- 1 Schalotte
- ½ Apfel
- 1 TL Diätmargarine
- 3 Msp. Currypulver
- 1 TL feines Reismehl
- 50 ml trockener Weißwein
- 50 ml Gemüsebrühe (Rezept Seite 52)
- 30 g Banane

1. Das gut gekühlte Fischfilet waschen, trockentupfen, in große Würfel schneiden und im Mixer pürieren. Anschließend kalt stellen. Es ist sehr wichtig, daß der Fisch gut kalt ist, da sonst die Fischfarce nicht bindet.
2. Inzwischen die Chinakohlblätter 2 bis 3 Minuten blanchieren, sofort abschrecken und trockentupfen. Die grobe Mittelrippe und den dicken Teil des Blattes abschneiden.
3. Den Lauch und die Möhre 1 Minute in der Gemüsebrühe blanchieren und abtropfen lassen.
4. Zuerst das Eiweiß, dann den Joghurt unter das Fischpüree mischen. Die Fischfarce mit wenig Salz, Pfeffer und dem Zitronensaft abschmecken. Die Hälfte des Gemüses dazugeben.
5. Die Fischfarce auf die mit wenig Salz und Pfeffer gewürzten Chinakohlblätter verteilen. Die Blätter seitlich über die Füllung schlagen, dann wie Rouladen zusammenrollen. Mit Zahnstochern feststecken.
6. Die Schalotte schälen, zusammen mit dem Apfel fein würfeln und beides in der mäßig heißen Margarine andünsten.
7. Das Currypulver und das Reismehl hineinstreuen. Den Weißwein und die Gemüsebrühe angießen und die Sauce aufkochen lassen, dabei mehrmals umrühren.
8. Die Fischröllchen in die Sauce geben und 15 Minuten bei geringer Hitzezufuhr dünsten. Anschließend die Fischröllchen aus der Sauce heben, die Zahnstocher entfernen und die Röllchen warm halten.
9. Die Banane in die Sauce geben, diese pürieren, nochmals aufkochen und über die Fischröllchen geben.
10. Mit den restlichen Gemüsewürfeln garnieren.

3 g Fett
17 g Eiweiß
9 g Kohlenhydrate
2 g Ballaststoffe
160 kcal

Tip

Dazu paßt Naturreis (Rezept Seite 67).

Gegrillte Fischspießchen

Zubereitungszeit: ca. 40 Min.

Für 2 Personen

1 Thunfischsteak (ca. 200 g)
etwas Zitronensaft
wenig Meersalz
frisch gemahlener Pfeffer
Kurkuma
4 Schalotten
100 g Zucchino
100 g rote Paprikaschote
2 große Champignons
etwas Öl zum Grillen

1. Das Thunfischsteak waschen, trockentupfen und in etwa 2 Zentimeter große Stücke schneiden.
2. Etwas Zitronensaft mit wenig Meersalz, Pfeffer und etwas Kurkuma verrühren. Die Fischwürfel darin 5 bis 10 Minuten ziehen lassen.
3. Inzwischen die Schalotten schälen, den Zucchino in ½ Zentimeter dicke Stücke schneiden. Die Paprikaschote in acht Stücke schneiden. Die Champignons halbieren und mit einem mit Zitronensaft getränkten Tuch abreiben.
4. Die Fischstücke abwechselnd mit dem Gemüse auf zwei Grillspieße stecken und mit etwas Öl bepinseln.
5. Die Spieße auf dem heißen Grill oder in einer Pfanne 10 bis 15 Minuten grillen bzw. braten. Dabei mehrmals wenden.

9 g Fett
25 g Eiweiß
10 g Kohlenhydrate
2 g Ballaststoffe
240 kcal

Tip
Statt des Thunfischs können Sie auch anderen festfleischigen Fisch verwenden. Dazu passen eine Paprikasauce (Rezept Seite 63) und ein Salatteller.

Rotbarbenfilets auf Ingwergemüse

Zubereitungszeit: ca. ½ Std.

Für 2 Personen

1 Schalotte
1 Knoblauchzehe
50 g Lauch
1 mittelgroße Möhre
10 bis 20 g frischer Ingwer
50 g Mungobohnenkeimlinge (aus ca. 10 g Bohnen; siehe auch Seite 126)
1 TL Pflanzenöl
1 Msp. Honig
1 EL Sojasauce
1 EL trockener Weißwein
2 Rotbarbenfilets (à 150 g)
wenig Meersalz
frisch gemahlener Pfeffer

1. Die Schalotte und die Knoblauchzehe schälen und beides sehr fein hacken.
2. Den Lauch, die geschälte Möhre und den geschälten Ingwer in sehr feine Streifen schneiden. Die Mungobohnenkeimlinge gut waschen und abtropfen lassen.
3. Die Schalotte und den Knoblauch im mäßig heißen Öl andünsten.
4. Den Honig, die Sojasauce und den Weißwein dazugeben und aufkochen lassen. Anschließend das Gemüse in die Sauce geben.
5. Inzwischen die Rotbarbenfilets waschen, trockentupfen, wenig salzen und pfeffern, auf das Gemüse setzen und zugedeckt 10 Minuten dämpfen.

8 g Fett
26 g Eiweiß
11 g Kohlenhydrate
3 g Ballaststoffe
240 kcal

Tip
Dazu paßt Naturreis (Rezept Seite 67).

Steinbuttschnitzel im Tomaten-Oliven-Beet

Zubereitungszeit: ca. 3/4 Std.

Für 2 Personen

1 Schalotte
1 Knoblauchzehe
50 g Lauch
2 Fleischtomaten
1 TL Diätmargarine
2 Steinbuttfilets (à 150 g)
etwas Zitronensaft
wenig Meersalz
frisch gemahlener schwarzer Pfeffer
1/4 Bund Basilikum
1/4 Bund Thymian
4 schwarze Oliven
50 ml Gemüsebrühe (Rezept Seite 52) oder trockener Weißwein

1. Die Schalotte und die Knoblauchzehe schälen und beides fein hacken. Den Lauch in feine Streifen schneiden.
2. Die Tomaten vom Stielansatz befreien, die Haut über Kreuz einritzen und die Tomaten kurz in kochendes Wasser tauchen. Dann abschrecken. Die Tomaten enthäuten, halbieren und entkernen.
3. Die Margarine mäßig erhitzen und die Schalotten und den Knoblauch darin glasig dünsten. Die Lauchstreifen hinzufügen und 2 bis 3 Minuten mitdünsten.
4. Inzwischen die Steinbuttfilets waschen und trockentupfen. Mit Zitronensaft beträufeln, salzen und pfeffern.
5. Die Basilikumblätter grob hacken, die Thymianblättchen abstreifen.
6. Das Tomatenfruchtfleisch grob würfeln und mit den Oliven zum gedünsteten Gemüse geben.
7. Die Fischfilets auf das Gemüse setzen. Die Gemüsebrühe angießen und das Ganze zugedeckt 5 bis 8 Minuten dünsten.
8. Die Kräuter über den Fisch streuen und ihn sofort servieren.

6 g Fett
32 g Eiweiß
9 g Kohlenhydrate
5 g Ballaststoffe
240 kcal

Tip
Dazu paßt sehr gut Kräuterreis (Rezept Seite 67).

Schollenfilets mit Gemüsegraupen und Möhrensauce

Zubereitungszeit: ca. 40 Min.

Für 2 Personen

1 mittelgroße Zwiebel
1 Gewürznelke
1/2 Lorbeerblatt
80 g Graupen
200 ml Gemüsebrühe (Rezept Seite 52)
30 g Lauch
30 g Bleichsellerie
60 ml Möhrensauce (Rezept Seite 63)
1 EL Schnittlauchröllchen
2 Schollenfilets (à 100 g)
etwas Zitronensaft
wenig Meersalz
frisch gemahlener Pfeffer
2 Kirschtomaten

1. Die Zwiebel schälen und das Lorbeerblatt mit Hilfe der Gewürznelke auf der Zwiebel feststecken.
2. Die Graupen waschen und in der Gemüsebrühe mit der gespickten Zwiebel in 20 bis 30 Minuten weich kochen.
3. Inzwischen das Gemüse in kleine Würfel schneiden. Die Möhrensauce zubereiten und den Schnittlauch darunterziehen.
4. Die Schollenfilets waschen, trockentupfen und in etwas Zitronensaft marinieren.
5. Das Gemüse unter die Graupen ziehen, mit wenig Meersalz und Pfeffer abschmecken und das Gemüse gar ziehen lassen.
6. Die Schollenfilets wenig salzen und in der mäßig heißen Diätmargarine braten.
7. Die Möhrensauce auf zwei angewärmte Teller geben. Die Gemüsegraupen in einen kleinen angefeuchteten Schöpflöffel oder in eine Tasse drücken und auf die Sauce stürzen.
8. Die Schollenfilets dazulegen und mit den Kirschtomaten garnieren.

5 g Fett
21 g Eiweiß
35 g Kohlenhydrate
7 g Ballaststoffe
290 kcal

Tip
Anstelle der Graupen können Sie Grünkern verwenden.

Rotbarben im Lauchmantel

Zubereitungszeit: ca. 3/4 Std.

Für 2 Personen

1 Schalotte
1 Knoblauchzehe
40 g Buchweizen
2 TL Diätmargarine
80 ml Gemüsebrühe (Rezept Seite 52)
50 g Champignons
60 g Lauch
eventuell Gemüsebrühe (Rezept Seite 52) zum Blanchieren und zum Dünsten
2 Rotbarben (à 250 g), vom Rücken her entgrätet, oder 4 küchenfertige Rotbarbenfilets (à 50 g)
etwas Zitronensaft
wenig Meersalz
frisch gemahlener Pfeffer

1. Die Schalotte und die Knoblauchzehe schälen und fein hacken.
2. Den Buchweizen zuerst mit kaltem, dann mit warmem Wasser waschen. In einem heißen Topf ohne Fettzugabe trocknen, bis er angenehm duftet.
3. Nun 1 Teelöffel Margarine, die Schalotte und den Knoblauch dazugeben und 3 Minuten dünsten. Dann die Gemüsebrühe angießen, aufkochen lassen und zugedeckt bei geringer Hitzezufuhr 10 bis 15 Minuten köcheln lassen. Anschließend auf der ausgeschalteten Herdplatte noch 10 Minuten nachquellen lassen.
4. Inzwischen die Champignons fein hacken. Den Lauch in einzelne Blätter teilen und diese in Gemüsebrühe oder im leicht gesalzenem Wasser 3 Minuten blanchieren. Anschließend abschrecken und trockentupfen.
5. Die Rotbarben waschen, trockentupfen, mit etwas Zitronensaft beträufeln, wenig salzen und pfeffern.
6. Ein Drittel des Buchweizens pürieren, mit den Kräutern, den Champignons und dem restlichen Buchweizen mischen und nochmals abschmecken.
7. Die Buchweizenmasse in die Fische füllen. Den Backofen auf 200°C vorheizen.
8. Jeweils vier Lauchblätter um je einen Fisch legen und fest zusammenknoten. Dabei ist wichtig, daß der Lauch nicht zu weich ist.
9. Eine heiße feuerfeste Form mit der restlichen Diätmargarine ausfetten und die Fische hineinlegen. Die Fische im eigenen Saft 25 bis 30 Minuten dünsten. Die Rotbarben eventuell mit 2 Eßlöffeln Gemüsebrühe beträufeln.
10. Kurz vor Garende den restlichen Lauch in Streifen schneiden, zu den Fischen geben und erhitzen.

5 g Fett
20 g Eiweiß
18 g Kohlenhydrate
2 g Ballaststoffe
210 kcal

Tip
Dazu passen rote Beten, in der Folie gegart (Variation zu „Folienkartoffeln" Rezept Seite 67), und Pellkartoffeln. Beides kann jedoch auch kleingewürfelt zusammen mit den Fischen gegart werden.
Wenn Sie Fischfilets verwenden, streichen Sie die Buchweizenfüllung auf ein Filet, decken sie mit dem anderen Filet ab und knoten die beiden Filets mit vier Lauchblättern zusammen. Die Garzeit verkürzt sich um etwa 5 Minuten.

Schellfisch mit Austernpilzen auf roten Bohnen

Quellzeit der Bohnen: ca. 8 Std.
Zubereitungszeit: ca. 1 Std.

Für 2 Personen

60 g rote Bohnen
¼ l ungesalzene Gemüsebrühe (Rezept Seite 52)
1 Lorbeerblatt
1 kleine Zwiebel
1 Knoblauchzehe
25 g Knollensellerie
25 g Möhre
200 g Austernpilze
300 g Schellfischfilet
etwas Zitronensaft
1 EL feines Grünkernmehl
50 ml trockener Weißwein
etwas gerebelter Majoran
Obstessig
wenig Meersalz
1 TL Diätmargarine
frisch gehackter Liebstöckel
frisch gemahlener Pfeffer
1 EL frisch gehackte Blattpetersilie

1. Die Bohnen verlesen, waschen und in der Gemüsebrühe mindestens 8 Stunden, besser über Nacht, quellen lassen. Dann mit dem Lorbeerblatt 10 Minuten kochen, den Topf schließen und die Bohnen etwa ¾ Stunden köcheln lassen. Eventuell noch etwas Gemüsebrühe hinzufügen.
2. Inzwischen die Zwiebel und die Knoblauchzehe schälen und beides fein hacken.
3. Das Gemüse in kleine Würfel schneiden. Die Pilze putzen und mit einem mit Zitronensaft getränkten Tuch abreiben. Große Pilze etwas zerteilen.
4. Das Schellfischfilet waschen, trockentupfen und mit etwas Zitronensaft beträufeln.
5. Das Grünkernmehl mit dem Weißwein verrühren, unter die Bohnen geben und aufkochen lassen, mit Majoran und Obstessig abschmecken.
6. Das Fischfilet mit wenig Salz würzen und auf die Bohnen setzen.
7. Das Gemüse mit dem Knoblauch und der Zwiebel in der mäßig heißen Margarine andünsten. Die Pilze dazugeben und 2 Minuten braten.
8. Das Gemüse mit Liebstöckel, wenig Meersalz und Pfeffer würzen und über den Fisch verteilen.
9. Das Gericht 10 bis 15 Minuten abgedeckt leicht köcheln lassen, bis der Fisch gar ist. Mit der Blattpetersilie bestreuen.

3 g Fett
32 g Eiweiß
33 g Kohlenhydrate
11 g Ballaststoffe
330 kcal

Tip
Dazu passen sehr gut Pellkartoffeln.
Schneller geht's, wenn Sie statt der Bohnen rote Linsen verwenden. Sie sind in ½ Stunde gar.

Desserts und Gebäck

Ein leichtes Dessert bildet den krönenden Abschluß eines Menüs. Wählen Sie bei einer reduzierten Ernährungsweise Nachspeisen mit verschiedenem Obst und fettarmen Milchprodukten, denn sie enthalten nicht nur viele Vitamine, sondern sind auch kalorienarm und erfrischend. Seien Sie jedoch sparsam mit Zucker oder Honig, denn sie liefern unnötige Energie, und süßen Sie lieber mit ein wenig getrockneten Früchten.
Verwenden Sie zum Backen, wenn möglich, staubfeines Vollkornmehl. Hat Ihr Mehl einen höheren Schrotanteil, so benötigen Sie mehr Flüssigkeit, als im Rezept angegeben ist.
Der Stärkegehalt und die Quellfähigkeit des Getreides schwanken je nach Anbaugebiet, Anbaujahr und Feuchtigkeitsgehalt des Korns. Aus diesem Grund benötigen Sie manchmal etwas mehr Flüssigkeit, als in der Zutatenliste aufgeführt ist.
Grundsätzlich gilt, daß Teige aus Vollkornmehl etwas feuchter sein müssen als vergleichbare aus Auszugsmehl, sonst wird das Gebäck zu trocken.
Teige, die Hefe enthalten, sollten immer erst dann weiterverarbeitet werden, wenn der Teig nach dem Gehen das doppelte Volumen erreicht hat. Sorgen Sie daher für eine ausreichende Wärmezufuhr (ca. 40°C).
Die angegebenen Backzeiten sollten für Sie nur Richtwerte sein. Vor allem beim Brot (Rezept Seite 18) sind die Geschmacksvorlieben sehr verschieden. Die einen bevorzugen ein eher feuchtes Brot, die anderen ein sehr trockenes. Variieren Sie daher die Backzeiten ein wenig je nach Ihrem Geschmack.

Quitten-Apfel-Kompott mit Brombeeren und Quark

Zubereitungszeit: ca. 40 Min.

Für 2 Personen

- 1 große Quitte
- 5 EL Apfelsaft
- 1 Boskopapfel
- 1 TL Zitronensaft
- 80 g Magerquark
- 1–2 EL Kefir 1,5% Fett
- 1 Msp. gemahlene Vanille
- 1 EL Honig
- 50 g Brombeeren
- 2 kleine Zweige Zitronenmelisse

1. Die Quitte schälen, halbieren, entkernen und in kleine Würfel schneiden.
2. Die Quittenwürfel in dem Apfelsaft bei geringer Hitze weich dünsten.
3. Inzwischen den Apfel in kleine Würfel schneiden und mit dem Zitronensaft beträufeln.
4. Das Quittenkompott in ein grobes Sieb schütten. Die Apfelwürfel in die abgetropfte Flüssigkeit geben und darin bißfest dünsten. Das Quittenkompott zu dem Apfelkompott geben und alles abkühlen lassen.
5. Inzwischen den Magerquark mit dem Kefir glattrühren. Mit der Vanille und dem Honig abschmecken.
6. Das Quitten-Apfel-Kompott in hohe Dessertgläser füllen und mit den gewaschenen Brombeeren und mit der Zitronenmelisse garnieren.

1 g Fett
6 g Eiweiß
30 g Kohlenhydrate
10 g Ballaststoffe
170 kcal

Buttermilchmousse mit Waldbeeren und Feigensauce

Zubereitungszeit: ca. ½ Std.
Zeit zum Kühlen: ca. 1½ Std.

Für 2 Personen

- ½ Bund Pfefferminze
- 1 Msp. gemahlene Vanille
- ⅛ l Buttermilch
- 1 Blatt Gelatine
- 2 getrocknete Feigen
- 1–2 EL Orangensaft
- 50 g Dickmilch 1,5% Fett
- 1 EL Honig
- 1 Eiweiß
- sehr wenig Meersalz
- 100 g Waldbeeren (Himbeeren, Brombeeren, Heidelbeeren und andere)
- 1 EL ungesüßter Sanddornsaft

1. Zwei Pfefferminzspitzen zum Garnieren beiseite legen. Die restlichen Minzeblätter ganz fein hacken. Zusammen mit der Vanille in die Buttermilch geben und 20 Minuten ziehen lassen.
2. Inzwischen die Gelatine in wenig kaltem Wasser 5 Minuten quellen lassen.
3. Die Feigen ganz fein hacken und im Orangensaft quellen lassen.
4. Die Buttermilch durch ein feines Sieb gießen und 3 Eßlöffel davon ganz leicht erwärmen. Die ausgedrückte Gelatine darin auflösen.
5. Die Dickmilch, den Honig und die übrige Buttermilch dazurühren. Die Masse im kalten Wasserbad abkühlen lassen, dabei mehrmals umrühren.
6. Wenn die Creme zu stocken beginnt, das Eiweiß mit einer Prise Salz sehr steif schlagen und unter die Creme ziehen.
7. Die Creme in kalt ausgespülte Förmchen füllen und im Kühlschrank mindestens 1½ Stunden kühlen lassen.
8. Inzwischen die Waldbeeren verlesen, waschen und abtropfen lassen. Den Sanddornsaft unter die Feigensauce rühren und sie auf zwei Teller jeweils in der Mitte verteilen. Die Buttermilchmousse aus den Förmchen auf die Sauce stürzen.
9. Das Dessert mit den Waldbeeren und den Pfefferminzzweigen garnieren.

1 g Fett
7 g Eiweiß
27 g Kohlenhydrate
4 g Ballaststoffe
150 kcal

Mohnmousse mit Brombeersauce

Zubereitungszeit: ca. ½ Std.
Zeit zum Kühlen: mindestens 2 Std.

Für 2 Personen

Für die Mohnmousse:

- 1 Blatt weiße Gelatine
- 1½ EL Mohn
- 100 ml fettarme Milch
- 50 g Magerquark
- 1–2 EL Honig
- 1 Msp. gemahlene Vanille
- 1 Eiweiß
- sehr wenig Meersalz

Für die Brombeersauce:

- 50 g Brombeeren
- 3 Backpflaumen
- einige Tropfen Zitronensaft
- 1 Msp. Delifruit

Zum Garnieren:

- 6 Brombeeren
- 6 Himbeeren
- 1 Zweig Pfefferminze

1. Die Gelatine in etwas kaltem Wasser 5 Minuten quellen lassen.
2. Den Mohn mit der Milch aufkochen und auf dem ausgeschalteten Herd 10 Minuten quellen lassen.
3. Die Gelatine ausdrücken und in der noch warmen Mohnmilch auflösen. Die Milch abkühlen lassen, bis sie nur noch lauwarm ist, und dabei ab und zu umrühren.
4. Inzwischen den zimmerwarmen Quark mit dem Honig und der Vanille verrühren. Das Eiweiß mit einer kleinen Prise Salz zu sehr steifem Schnee schlagen.
5. Die Quarkmasse mit der Mohnmasse mischen und dann den Eischnee vorsichtig darunterheben. In eine kleine, tiefe Schüssel füllen und mindestens 2 Stunden im Kühlschrank durchkühlen lassen.
6. Für die Sauce die verlesenen Brombeeren pürieren, die Backpflaumen fein hakken und beides mischen. Mit Zitronensaft und Delifruit abschmecken und auf zwei Teller verteilen.
7. Mit einem in heißes Wasser getauchten Eßlöffel pro Person sechs Nockerln abstechen und auf den Saucenspiegel setzen. Die Mousse mit den übrigen Früchten und den Minzeblättern garnieren.

5 g Fett
9 g Eiweiß
24 g Kohlenhydrate
3 g Ballaststoffe
190 kcal

Tip
Wichtig ist, daß der Quark nicht zu kalt ist, da die Gelatine sonst schnell fest wird und dabei Fäden zieht.

Variation
Statt der Brombeeren kann man auch Preiselbeeren oder frische Himbeeren verwenden.

Erdbeercreme auf frischer Aprikosensauce

Zubereitungszeit: ca. 20 Min.
Kühlzeit: ca. 1 Std.

Für 2 Personen

Für die Erdbeercreme:
- 2 Blatt weiße Gelatine
- 50 g Magerquark
- 100 g Kefir 1,5% Fett
- 1 EL Honig
- einige Tropfen Zitronensaft
- 100 g Erdbeeren
- 1 Eiweiß
- sehr wenig Meersalz

Für die Aprikosensauce:
- 50 g frische Aprikosen
- 2 getrocknete Feigen
- 1 Msp. Delifruit

Außerdem:
- 4 Erdbeeren
- 1 TL Mandelsplitter

1. Die Gelatine in kaltem Wasser einweichen.
2. Den Quark mit dem Kefir verrühren, dann mit dem Honig und etwas Zitronensaft abschmecken.
3. Die Erdbeeren mit einer Gabel zerdrücken und unter die Quarkcreme rühren.
4. Die Gelatine ausdrücken, vorsichtig in einem Wasserbad erwärmen, bis sie sich auflöst, und unter die zimmerwarme Creme rühren. Das Ganze kühl stellen und dabei ab und zu umrühren.
5. Das Eiweiß mit einer sehr kleinen Prise Salz zu sehr steifem Schnee schlagen und unter die Erdbeercreme ziehen.
6. Die Masse in zwei Glasschälchen füllen und im Kühlschrank 1 Stunde stokken lassen.
7. Für die Sauce die entsteinten Aprikosen pürieren. Die Feigen fein hacken, unter das Aprikosenmus mischen und dieses mit Delifruit würzen.
8. Die Glasschälchen vor dem Servieren kurz in heißes Wasser tauchen und die Creme auf zwei Teller stürzen. Das Dessert mit der Aprikosensauce, den Erdbeeren und den Mandelsplittern garnieren.

3 g Fett
10 g Eiweiß
22 g Kohlenhydrate
3 g Ballaststoffe
160 kcal

Tip
Es ist sehr wichtig, daß die Quarkcreme Zimmertemperatur hat, bevor man die aufgelöste Gelatine darunterzieht, denn die Gelatine kühlt sonst zu schnell ab und zieht dabei Fäden.

Variation
Statt der Aprikosen kann man auch Pfirsiche oder Nektarinen verwenden.

Orangen-Birnen-Salat

Zubereitungszeit: ca. ½ Std.

Für 2 Personen

- 2 getrocknete Feigen
- 2 EL Orangensaft
- 1 TL Mandelblättchen
- 1 unbehandelte Orange
- 1 Birne
- einige Tropfen Zitronensaft
- 100 g Joghurt 1,5% Fett
- ½ TL abgeriebene Schale einer unbehandelten Orange

1. Die Feigen in Streifen schneiden und in dem Orangensaft 10 Minuten quellen lassen. Die Mandelblättchen in einer trockenen Pfanne anrösten.
2. Inzwischen die Orange schälen, dabei auch die weiße Haut abschneiden. Die Frucht halbieren und in gleichmäßige dünne Scheiben schneiden.
3. Die Birne waschen, halbieren, entkernen und ebenfalls in dünne Scheiben schneiden. Sofort mit Zitronensaft beträufeln.
4. Einige Feigenstreifen zum Garnieren beiseite legen. Die restlichen mit dem Joghurt pürieren und mit der Orangenschale abschmecken.
5. Die Sauce auf zwei Teller verteilen. Die Früchte darauf anrichten und mit den Mandelblättchen und den Feigen garnieren.

3 g Fett
4 g Eiweiß
27 g Kohlenhydrate
5 g Ballaststoffe
160 kcal

Frische Feigen auf Mandelsauce

Zubereitungszeit: ca. ¼ Std.

Für 2 Personen

- 10 weiße, geschälte Mandeln
- 75 g Joghurt 1,5% Fett
- 1 TL Honig
- 1 Msp. gemahlene Vanille
- 2 frische reife Feigen

1. Die Mandeln in einer trockenen heißen Pfanne leicht bräunen. Danach abkühlen lassen und fein hacken.
2. Den Joghurt mit den Mandeln verrühren und mit dem Honig und der Vanille abschmecken.
3. Die Sauce auf zwei Teller verteilen. Die gewaschenen Feigen eventuell schälen, in Spalten schneiden und auf die Mandelsauce setzen.

6 g Fett
4 g Eiweiß
14 g Kohlenhydrate
2 g Ballaststoffe
130 kcal

Tip
Statt der Mandeln können Sie auch Mandelmus verwenden.

Reissalat mit Kiwi

Zubereitungszeit: ca. 1 Std.

Für 2 Personen

- 40 g Naturreis (Rundkorn)
- 80 ml fettarme Milch
- 1 Kiwi
- 100 g Joghurt 1,5% Fett
- 1 EL Honig
- etwas Zimt
- 1 Msp. gemahlene Vanille
- einige Tropfen Zitronensaft
- 1 EL schwarze Johannisbeeren
- 1 Zweig Zitronenmelisse
- 3 gehackte Walnußkerne

1. Den Naturreis zuerst mit kaltem, dann mit warmem Wasser waschen und mit 80 Milliliter Wasser zum Kochen bringen. Zugedeckt bei geringer Hitzezufuhr 40 Minuten quellen lassen.
2. Dann die Milch dazugeben und den Reis auf der ausgeschalteten Herdplatte 20 Minuten nachquellen lassen.
3. Inzwischen die Kiwi schälen und in Scheiben schneiden. Den Joghurt mit Honig süßen und mit Zimt, Vanille und Zitronensaft abschmecken.
4. Den abgekühlten Reis unter den Joghurt mischen und in zwei Gläser füllen.
5. Den Reis mit den Kiwischeiben, den Johannisbeeren und der Zitronenmelisse garnieren. Die Walnüsse darüberstreuen.

5 g Fett
6 g Eiweiß
32 g Kohlenhydrate
3 g Ballaststoffe
210 kcal

Tip
Kiwi enthalten ein eiweißspaltendes Enzym, das den Joghurt zersetzt und das Dessert nach einiger Zeit bitter werden läßt. Servieren Sie den Reissalat deshalb sofort.

Rhabarber-Joghurt-Eis

Zubereitungszeit: ca. ½ Std.
Gefrierzeit: ca. 5 Std.

Für 2 Personen

Für das Rhabarber-Joghurt-Eis:
- 100 g Rhabarber
- 1 EL Apfelsaft
- 100 g Erdbeeren
- 150 g Joghurt 1,5% Fett
- 2 EL Honig
- 1 Msp. Zimt
- ½ TL abgeriebene Schale einer unbehandelten Zitrone

Zum Garnieren:
- 6 Erdbeeren
- 2 Walnußkerne
- 1 Zweig Zitronenmelisse

1. Den Rhabarber in 1 Zentimeter große Stücke schneiden und im Apfelsaft etwa 10 Minuten dünsten, bis er zerfällt. Vom Herd nehmen und auskühlen lassen.
2. Inzwischen die gewaschenen Erdbeeren pürieren, unter den Joghurt mischen und alles mit dem Honig, etwas Zimt und der Zitronenschale abschmecken.
3. Das Rhabarbermus unter die Joghurtcreme ziehen, nochmals abschmecken und in zwei kalt ausgespülte Portionsförmchen füllen. Etwa 5 Stunden im Gefrierfach frieren lassen.
4. Vor dem Servieren die Förmchen kurz in heißes Wasser tauchen. Je ein Eis auf einen Teller stürzen.
5. Das Eis mit den geviertelten Erdbeeren, den Walnüssen und der Zitronenmelisse garnieren.

3 g Fett
4 g Eiweiß
25 g Kohlenhydrate
3 g Ballaststoffe
150 kcal

Rote Birne mit Ingwersauce

Zubereitungszeit: ca. ½ Std.
Kühlzeit: ca. 20 Min.

Für 2 Personen

- ⅛ l Rotwein
- 1 Gewürznelke
- 1 kleines Stück frische Ingwerknolle
- ½ TL abgeriebene Schale einer unbehandelten Zitrone
- 2 kleine Williams-Christ-Birnen (à 120 g)
- 1 EL Preiselbeeren
- 50 g Dickmilch 1,5% Fett
- 1 Msp. frisch geriebener Ingwer
- 1 Msp. Currypulver
- 1 TL Honig
- 1 TL grob gehackte Pistazien

1. Den Rotwein mit der Nelke, dem Ingwer und der Zitronenschale zum Kochen bringen.
2. Inzwischen die gewaschenen Birnen halbieren, vom Kerngehäuse befreien und in dem Rotweinsud zugedeckt bißfest dünsten. Dabei die Birnen einmal wenden, damit sie sich gleichmäßig rot färben.
3. Die Birne aus dem Sud nehmen und abkühlen lassen. Den Sud sirupartig einkochen, abkühlen lassen und die Preiselbeeren darunterziehen.
4. Inzwischen die Dickmilch mit dem Ingwer, dem Currypulver und dem Honig abschmecken und auf zwei Teller verteilen. Die Birnenhälften darauf setzen und mit dem Preiselbeersirup überziehen.
5. Das Dessert mit den Pistazien bestreuen.

2 g Fett
2 g Eiweiß
23 g Kohlenhydrate
4 g Ballaststoffe
160 kcal

Ogenmelone auf Himbeersauce

Zubereitungszeit: ca. 20 Min.

Für 2 Personen

- 50 g Himbeeren
- 1 TL Honig
- 50 g Dickmilch 1,5% Fett
- ½ Ogenmelone
- 2 frische Datteln
- 3 gehackte Walnußkerne
- etwas abgeriebene Schale einer unbehandelten Zitrone
- 1 Zweig frische Pfefferminze

1. Sechs Himbeeren zum Garnieren beiseite legen. Die restlichen Früchte mit einer Gabel zerdrücken und unter die mit dem Honig gesüßte Dickmilch rühren.
2. Die Melone von den Kernen befreien und schälen. In vier Schnitze schneiden. Die entkernten Datteln vierteln.
3. Die Himbeer-Dickmilch-Sauce auf zwei Teller gießen. Die Melonenschnitze auf den Saucenspiegel setzen und mit den Datteln, den Walnüssen und den Himbeeren garnieren.
4. Etwas Zitronenschale über die Melone streuen und das Ganze mit Pfefferminzblättern verzieren.

3 g Fett
3 g Eiweiß
27 g Kohlenhydrate
5 g Ballaststoffe
160 kcal

Quarktaschen mit Pflaumenfüllung

Zubereitungszeit: ca. ½ Std.
Kühlzeit: ca. 1 Std.

Für 2 Personen

Für den Teig:

- 100 g Schichtkäse
- 30 g Diätmargarine
- 75 g feines Weizenvollkornmehl
- 1 Eiweiß
- 2 EL Honig
- wenig Meersalz
- 1 Msp. gemahlene Vanille
- etwas abgeriebene Schale von ½ unbehandelten Zitrone

Für die Füllung:

- 4 Backpflaumen ohne Stein
- 15 g Haselnüsse
- 1 EL Honig
- ¼ TL Zimt
- 1 Msp. gemahlener Ingwer

Außerdem:

- 1 EL Vollkornsemmelbrösel

1. Den Schichtkäse in einem Küchentuch gut ausdrücken und mit zwei Dritteln der Margarine, dem Vollkornmehl, dem Eiweiß, 1 Eßlöffel Honig, wenig Salz, der Vanille und etwas Zitronenschale zu einem geschmeidigen, glatten Teig verkneten.

2. Den Teig in Alufolie wickeln und 1 Stunde kühl stellen.

3. Die Pflaumen und die Nüsse grob hacken, mit 1 Eßlöffel Honig verrühren und die Masse mit dem Zimt und dem Ingwer abschmecken.

4. Den Teig 3 Zentimeter dick ausrollen. Sechs runde Plätzchen mit 10 Zentimeter Durchmesser ausstechen und die Füllung darauf verteilen. Die Taschen zusammenklappen und die Ränder mit einer Gabel andrücken.

5. Inzwischen reichlich leicht gesalzenes Wasser zum Kochen bringen und die Quarktaschen darin ¼ Stunde ziehen lassen.

6. Die restliche Margarine schmelzen und mit dem restlichen Honig und den Semmelbröseln mischen und über die gut abgetropften Teigtaschen geben.

1 Quarktasche enthält:
3 g Fett
2 g Eiweiß
9 g Kohlenhydrate
1 g Ballaststoffe
70 kcal

Vollkorn-vanillekipferln

Zubereitungszeit: ca. 1/2 Std.
Kühlzeit: ca. 1 Std.
Backzeit: ca. 20 Min.

Für ca. 40 Stück

- 125 g Diätmargarine
- 80 g Honig
- 4 Msp. gemahlene Vanille
- wenig Meersalz
- 225 g feines Dinkelvollkornmehl
- 50 g feingemahlene Mandeln

1. Die Diätmargarine mit dem Honig schaumig rühren. Die Vanille und wenig Meersalz darunterrühren.
2. Das Dinkelmehl mit den Mandeln mischen und nach und nach unter den Teig rühren.
3. Den Teig zu einer etwa 4 Zentimeter dicken Rolle formen, in Alufolie wickeln und etwa 1 Stunde kühl stellen.
4. Den Backofen auf 175°C vorheizen. Die Teigrolle in 40 gleich große Stücke schneiden, diese leicht aufrollen und zu kleinen Hörnchen (Kipferln) biegen.
5. Die Kipferln auf ein mit Backtrennpapier ausgelegtes Backblech setzen und auf der mittleren Schiene 15 bis 20 Minuten backen.

40 Kipferln enthalten:
132 g Fett
37 g Eiweiß
206 g Kohlenhydrate
26 g Ballaststoffe
2240 kcal

1 Kipferl enthält:
3 g Fett
1 g Eiweiß
5 g Kohlenhydrate
1 g Ballaststoffe
60 kcal

Vollkornspekulatius

Zubereitungszeit: ca. ½ Std.
Kühlzeit: ca. 2½ Std.
Backzeit: ca. ¼ Std.

Für ca. 30 Stück

- 150 g feines Weizenvollkornmehl
- 50 g gemahlene Mandeln
- 75 g Honig
- 100 g Diätmargarine
- abgeriebene Schale von ½ unbehandelten Zitrone
- ¼ TL Zimt
- 1 Msp. gemahlene Nelke
- 1 Msp. gemahlene Muskatblüte
- 1 Eiweiß
- 10 g Mandelblättchen
- etwas Vollkornmehl zum Ausstreuen

1. Das Mehl auf ein Backblech geben, die Mandeln, den Honig und die kleingewürfelte Margarine darauf setzen.
2. Die Zitronenschale und die Gewürze darüberstreuen und die Zutaten mit einem großen Messer so lange durchhacken, bis sie gut vermischt sind.
3. Das Eiweiß in die Mitte des Teiges geben und alles rasch verkneten. Den Teig in Alufolie wickeln und 2 Stunden kühl stellen.
4. Ein Backblech mit Backtrennpapier auslegen und die Mandelblättchen darauf verteilen. Den Backofen auf 175°C vorheizen.
5. Den Teig zwischen 2 Stück Alufolie etwa 4 Millimeter dick ausrollen. Ein Spekulatiusmodel mit etwas Mehl ausstreuen und gleichmäßig fest auf den Teig drücken. Den überstehenden Teig mit einem scharfen Messer abschneiden.
6. Die Spekulatiusstücke auf das vorbereitete Backblech legen und nochmals ½ Stunde kalt stellen. Dann auf der mittleren Schiene im vorgeheizten Backofen in 15 bis 20 Minuten goldgelb backen.

30 Spekulatius enthalten:
111 g Fett
30 g Eiweiß
156 g Kohlenhydrate
19 g Ballaststoffe
1810 kcal

1 Spekulatius enthält:
4 g Fett
1 g Eiweiß
5 g Kohlenhydrate
1 g Ballaststoffe
60 kcal

Tip
Je nach Margarinesorte kann der Teig etwas zu weich werden. Dann etwas mehr Mehl dazukneten oder den Teig länger kühlen lassen.

Vollkornplätzchen „Heidesand"

Zubereitungszeit: ca. ½ Std.
Kühlzeit: ca. 1 Std.
Backzeit: ca. ¼ Std.

Für ca. 25 Stück

125 g Diätmargarine
80 g Honig
1 EL fettarme Milch
1 Msp. gemahlene Vanille
175 g feines Weizenvollkornmehl
½ TL Weinsteinbackpulver

1. Die Margarine mit dem Honig schaumig rühren. Dann nach und nach die Milch und die Vanille darunterrühren.
2. Das Mehl mit dem Backpulver mischen und unter den Teig kneten.
3. Aus dem Teig Rollen von 3 Zentimeter Durchmesser formen. Diese in Alufolie wickeln und mindestens 1 Stunde kühl stellen.
4. Den Backofen auf 175 °C vorheizen. Ein Backblech mit Backpapier auslegen.
5. Die Rollen in ½ Zentimeter dicke Scheiben schneiden und mit 1 Zentimeter Abstand auf das Blech legen.
6. Die Plätzchen in etwa 15 Minuten goldgelb backen. Auf einem Kuchengitter abkühlen lassen.

25 Plätzchen enthalten:
104 g Fett
22 g Eiweiß
171 g Kohlenhydrate
17 g Ballaststoffe
1770 kcal

1 Plätzchen enthält:
4 g Fett
1 g Eiweiß
7 g Kohlenhydrate
1 g Ballaststoffe
70 kcal

Feigenmuszopf

Zeit zum Gehen: ca. 1¼ Std.
Zubereitungszeit: ca. ½ Std.
Backzeit: ca. ½ Std.

Für 1 Zopf (ca. 20 Scheiben)

250 g feines Weizenvollkornmehl
20 g Hefe
2 EL Honig
⅛ l fettarme Milch
3 getrocknete Feigen
50 ml (frisch gepreßter) Orangensaft
40 g Diätmargarine
wenig Meersalz
1 EL Honig
3 EL Mandelblättchen
etwas Vollkornmehl zum Ausrollen
1–2 EL fettarme Milch zum Bestreichen

1. In das Vollkornmehl eine Mulde drücken. Die Hefe hineinbröckeln und den Honig darübergeben.
2. Die Hälfte der Milch leicht erwärmen und über die Hefe gießen. Mit etwas Mehl vom Muldenrand mischen. Den Teigansatz mit einem Küchentuch abgedeckt an einem warmen Ort ¼ Stunde gehen lassen.
3. Inzwischen die Feigen fein hacken und in dem Orangensaft einweichen.
4. Die Margarine schmelzen lassen und mit der restlichen Milch und wenig Salz zum Vorteig geben. Die Zutaten rasch zu einem glatten Teig verkneten. Den Teig wieder mit einem Küchentuch abdecken und so lange an einem warmen Ort gehen lassen, bis er das doppelte Volumen erreicht hat.
5. Die Feigen pürieren und mit dem Honig und den Mandeln mischen.
6. Den Hefeteig nach dem Gehen nochmals kneten und auf einer bemehlten Fläche zu einem Rechteck von 20 mal 30 Zentimetern ausrollen. Das Feigenmus auf den Teig streichen und die Teigplatte in drei gleich große, 10 Zentimeter breite Streifen schneiden.
7. Die Teigstreifen zusammenrollen, dabei noch etwas ausziehen. Die drei Rollen zu einem Zopf flechten.
8. Den Hefezopf auf ein mit Backtrennpapier ausgelegtes Blech setzen. Abgedeckt an einem warmen Ort bis zur doppelten Größe aufgehen lassen.
9. Inzwischen den Backofen auf 200° C vorheizen und den Zopf ½ Stunde backen. Nach 20 Minuten mit der Milch bestreichen.

1 Scheibe enthält:
3 g Fett
2 g Eiweiß
12 g Kohlenhydrate
2 g Ballaststoffe
80 kcal

Aprikosenstrudel

Zubereitungszeit: ca. 1/4 Std.
Kühlzeit: ca. 1 Std.
Backzeit: ca. 1/2 Std.

Für 1 Strudel
(ca. 20 Portionen)

Für den Vollkornquarkblätterteig:

125 g Magerquark
175 g feines Weizenvollkornmehl
100 g Diätmargarine
wenig Meersalz

Für die Füllung:

500 g reife Aprikosen
50 g feingeriebene Mandeln
1–2 EL Vollkornsemmelbrösel
50 g Magerquark
1 Eiweiß
1 EL Honig
etwas abgeriebene Schale einer unbehandelten Zitrone
1 Msp. Delifruit

Außerdem:

1 EL Diätmargarine zum Bestreichen und Ausfetten

1. Den Magerquark in einem Küchentuch gut ausdrücken. Dann mit dem Vollkornmehl, der Margarine und wenig Meersalz zu einem glatten Teig verkneten.
2. Den Teig in Alufolie wickeln und mindestens 1 Stunde kühl stellen.
3. Inzwischen die Füllung zubereiten. Dazu die Aprikosen entsteinen und vierteln.
4. Die Mandeln und die Vollkornsemmelbrösel mit dem Magerquark und dem Eiweiß verrühren und mit dem Honig, etwas Zitronenschale und dem Delifruit abschmecken.
5. Den Teig zwischen zwei Stück Alufolie 30 mal 40 Zentimeter groß und 3 Millimeter dick ausrollen. Die obenliegende Folie abziehen.
6. Die Mandelmasse auf die Teigplatte streichen und dann die Aprikosen darauf verteilen. Den Backofen auf 250° C vorheizen.
7. Den Teig mit Hilfe der zweiten Folie von der breiten Seite her zusammenrollen. Auf ein gefettetes Blech setzen und mit der geschmolzenen Margarine bestreichen.
8. Den Strudel auf der mittleren Schiene 10 Minuten backen. Dann die Temperatur auf 180° C herunterschalten und den Strudel noch weitere 20 bis 25 Minuten backen.

1 Portion enthält:
6 g Fett
3 g Eiweiß
9 g Kohlenhydrate
2 g Ballaststoffe
110 kcal

Tip
Der Strudel kann auch sehr gut in einer Form gebacken werden.

Tagesspläne

Berglinsen mit Auberginen und Mais (Rezept S. 81)

Gemüsepuffer mit Feldsalat und Radieschen (Rezept S. 77)

Gemüse-Lamm-Pilaw (Rezept S. 89)

Vorschlag 1

Frühstück
Haferflocken mit Mango und Nüssen (S. 24)
Zwischenmahlzeit
Brötchen mit Camembert (S. 22)
Mittagessen
Spinat-Brennessel-Frischkost (S. 40)
Berglinsen mit Auberginen und Mais (S. 81)
Rhabarber-Joghurt-Eis (S. 116)
Abendessen
Gurkensalat (S. 39)
Pellkartoffeln mit Lachs und Currysauce (S. 99)

45 g Fett
66 g Eiweiß
180 g Kohlenhydrate
31 g Ballaststoffe
1 470 kcal

Vorschlag 2

Frühstück
Vollkornbaguette mit Frischkäse (S. 20)
Zwischenmahlzeit
Grapefruit mit Dattelmus (S. 27)
Mittagessen
Borschtsch mit Zanderfilet und roten Linsen (S. 61)
Gemüsepuffer mit Feldsalat und Radieschen (S. 77)
Frische Feigen auf Mandelsauce (S. 114)
Abendessen
Staudensellerie mit Walnußsauce (S. 42)
Hirseaufstrich (S. 30)
2 Vollkornbrötchen (S. 18)

56 g Fett
68 g Eiweiß
172 g Kohlenhydrate
34 g Ballaststoffe
1 640 kcal

Vorschlag 3

Frühstück
Weizenkeimlinge mit Erdbeeren und Banane (S. 25)
Zwischenmahlzeit
Auberginencreme mit Basilikum (S. 30)
3 Scheiben Sesambrot (S. 18)
Mittagessen
Chinakohl in Orangensauce (S. 38)
Rotbarbenfilets auf Ingwergemüse (S. 104)
1 Portion Naturreis (S. 67)
Buttermilchmousse (S. 113)
Abendessen
Grünkernsüppchen (S. 55)
Gemüsesalat mit Erbsenkeimlingen (S. 41)
1 Vollkornbrötchen (S. 18)

44 g Fett
67 g Eiweiß
182 g Kohlenhydrate
31 g Ballaststoffe
1 480 kcal

Vorschlag 4

Frühstück
Brot mit Aprikosencreme (S. 22)
Zwischenmahlzeit
Kiwi-Orangen-Müsli (S. 23)
Mittagessen
Kohlrabi-Melonen-Frischkost (S. 42)
Gemüse-Lamm-Pilaw (S. 89)
Erdbeercreme auf frischer Aprikosensauce (S. 114)
Abendessen
Kerbelsüppchen (S. 52)
Gefüllte Tomate (S. 28)
1 Vollkornbrötchen (S. 18)

47 g Fett
65 g Eiweiß
195 g Kohlenhydrate
36 g Ballaststoffe
1 560 kcal

Vorschlag 5

Frühstück
Frischkornmüsli mit Trockenobst (S. 23)
Zwischenmahlzeit
Knäckebrot mit Frischkost (S. 20)
Mittagessen
Möhren-Weißkohl-Frischkost (S. 39)
Getreideauflauf mit Mais (S. 72)
Ogenmelone auf Himbeersauce (S. 117)
Abendessen
Bohnensalat auf Eichblattsalat (S. 48)
1 Vollkornbrötchen (S. 18) mit 2 TL Diätmargarine

56 g Fett
49 g Eiweiß
174 g Kohlenhydrate
43 g Ballaststoffe
1 480 kcal

Vorschlag 6

Frühstück
Hirse-Melonen-Müsli (S. 24)
Zwischenmahlzeit
Radieschenquark auf Vollkornbrot (S. 21)
Mittagessen
Feldsalat mit Roggenkeimlingen (S. 38)
Mais-Bohnen-Gemüse mit Hähnchenbrust (S. 91)
1 Stück Feigenmuszopf (S. 122)
Abendessen
Topinambur-Rotkohl-Frischkost (S. 40)
Vollkornnudeln mit Tomatensauce (S. 75)

35 g Fett
65 g Eiweiß
202 g Kohlenhydrate
52 g Ballaststoffe
1 470 kcal

Wichtiges zum Kochen mit Getreide

Getreide	Verhältnis von Getreidemenge zu Flüssigkeitsmenge	Quellzeit	Kochzeit (bei geringer Hitze)	Nachquellzeit (auf ausgeschalteter Herdplatte)
Dinkel Dinkelschrot, grob	1 : 2 1 : 2	8 bis 10 Stunden –	etwa 30 Minuten 15 bis 20 Minuten	30 Minuten 30 Minuten
Weizen Weizenschrot, grob	1 : 2,5 1 : 2	10 Stunden –	1 Stunde 15 bis 20 Minuten	1 Stunde 30 Minuten
Roggen Roggenschrot, grob	1 : 2,5 bis 3 1 : 2,2	10 Stunden –	etwa 1 Stunde 15 bis 20 Minuten	1 Stunde 30 Minuten
Gerste Gerstenschrot, grob	1 : 2,2 1 : 2	10 Stunden –	etwa 1 Stunde 15 bis 20 Minuten	1 Stunde 30 Minuten
Hafer Haferschrot, grob	1 : 1,5 bis 1,8 1 : 2	– –	20 bis 30 Minuten 10 bis 20 Minuten	30 Minuten 10 Minuten
Hirse	1 : 2,5	–	5 bis 10 Minuten	20 Minuten
Maisgrieß	1 : 4	–	10 bis 15 Minuten	20 Minuten
Grünkern Grünkernschrot, grob	1 : 2 1 : 1,8	– –	20 bis 30 Minuten 10 bis 15 Minuten	20 bis 30 Minuten 15 bis 20 Minuten
Buchweizen	1 : 2	–	15 bis 20 Minuten	10 bis 20 Minuten
Naturreis Naturreisschrot, grob	1 : 2 1 : 2	– –	30 bis 40 Minuten 15 bis 20 Minuten	30 Minuten 10 bis 15 Minuten

Anmerkungen:
Die **Nachquellzeit** kann verkürzt werden, es empfiehlt sich jedoch bei Personen mit empfindlichem Magen, das Getreide nachquellen zu lassen. **Sprießkorngetreide** sind spelzenlos gezüchtete Getreide, die im Reformhaus angeboten werden. Sie eignen sich vor allem zum Keimen. Wenn Sie Sprießkorngetreide kochen, benötigen Sie etwas mehr Flüssigkeit, als in der Tabelle angegeben ist, und eine etwas längere Kochzeit.

Ganze Getreidekörner kochen

1. Das Getreide zuerst mit warmem, dann mit kaltem Wasser waschen und in Wasser, am besten über Nacht, quellen lassen.
2. Am nächsten Tag die Körner mit dem Einweichwasser oder **ungesalzener** Gemüsebrühe aufkochen, dann Gewürze hinzufügen und bei geringer Hitze im geschlossenen Topf kochen lassen. Kochen Sie die Körner bei größerer Hitzezufuhr, benötigen sie mehr Flüssigkeit. Erst wenn die Körner zu platzen beginnen, Salz hinzufügen.
3. Zum Nachquellen die Körner auf dem ausgeschalteten Herd stehen lassen oder im Wasserbad im Ofen bei 70 bis 80° C oder in einem Thermogefäß quellen lassen.

Tip
Die in der Tabelle angegebene Flüssigkeitsmenge schwankt je nach Getreidesorte, Feuchtigkeit der Körner und Wasserhärte.

Vollkornschrot und -mehl kochen

Vollkornschrot setzt man entweder in kalter oder leicht erwärmter Gemüsebrühe an und läßt es unter ständigem Rühren aufkochen. Dann bei geringer Hitzezufuhr köcheln und auf der ausgeschalteten Herdplatte nachquellen lassen.

Sprossen und Keime ziehen

Keimlinge sind eine preiswerte und schmackhafte Alternative zu vielen Salaten und zu Gemüse. Die Anzucht ist äußerst einfach. Die Samen benötigen Wasser, Sauerstoff und ausreichende Temperatur, um zu wachsen, so daß aus dem Trokkenprodukt eine knackig frische, vitaminreiche Sprosse wird. Keimlinge aus Hülsenfrüchten sollten Sie vor der Verwendung kurz blanchieren, da sie Stoffe enthalten, die gesundheitsschädlich sein können, die aber durch das Erhitzen zerstört werden. Im Handel werden verschiedene Keimgeräte angeboten. Wer keinen speziellen Keimapparat besitzt, kann Keimlinge von großen Samen sehr gut in einem Sieb ziehen. Hängen Sie das Sieb dazu in eine Schüssel, und decken Sie es mit einem Teller ab. Auch ein Einmachglas, mit Gaze abgedeckt, eignet sich sehr gut zur Anzucht. Benutzen Sie die Gaze wie ein Sieb.

Keime und Sprossen auf einen Blick

Sorte	Quellzeit in Stunden	Anzahl der Spülvorgänge pro Tag	Keimzeit in Tagen	Länge des Keims	ungefährer Ertrag: Samen
Adzukibohne	12	3	4	Bohnenlänge	3 : 1
Alfalfa	8	2	7–10	max. 10 cm	5 : 1
Bockshornklee	6–8	2	2	Samenlänge	4 : 1
Buchweizen, ungeschält	–	2	2–3	0,5 cm	2,5–3 : 1
Erbse	12	2–3	3	Erbsenlänge	2 : 1
Hirse, ungeschält	8	2–3	3	0,2 cm	1,5 : 1
Kichererbse	12	3–4	3	0,5 cm	3–4 : 1
Kresse	–	1	6–8	4 cm	2 : 1
Kürbis	12	3	2–3	0,3 cm	2 : 1
Leinsamen	–	1	2–3	Samenlänge	1,5 : 1
Linse	8	2–3	3	2 cm	4–6 : 1
Mungobohne	12	2–3	3–4	2 cm	5–6 : 1
Nacktgerste	8	1–2	2–3	Kornlänge	2 : 1
Nackthafer	4	2	2–3	Kornlänge	2 : 1
Rettich	–	2–3	3–4	0,3 cm	2–3 : 1
Roggen	12	2	2–3	Kornlänge	2 : 1
Senf	–	1	2–3	bis 0,5 cm	2 : 1
Sesam	6	2	2	0,2 cm	1,5 : 1
Sojabohne, gelbe	12	3–4	3–4	Bohnenlänge	4 : 1
Sonnenblume	6	2–3	2	Kernlänge	2 : 1
Weizen	12	2	2–3	Kornlänge	2 : 1

Und so wird's gemacht:

1. Die Samen waschen und Schmutzteile, zerbrochene Samen oder eventuelle Fremdsamen herauslesen. Die Samen in ein Anzuchtgefäß geben und quellen lassen.

2. Dann das Einweichwasser abgießen, nicht gequollene Samen eventuell aussortieren. Die Samen spülen und ein wenig auflockern.

3. Danach das Gefäß so stellen, daß das Restwasser gut abfließen kann und die Samen gut belüftet werden. Das ist wichtig, da die Keimlinge Sauerstoff brauchen, um zu wachsen, und so Schimmelbildung verhindert wird. Die Keimlinge nun wachsen lassen, während dieser Zeit mehrmals täglich mit Wasser spülen und gut abtropfen lassen.

4. Zum Ernten die Keimlinge in ein großes Gefäß mit kaltem Wasser geben. An der Oberfläche schwimmen dann die gekeimten Samen, die Samen, die nicht gekeimt haben, setzen sich unten ab.

Rezeptverzeichnis

Frühstück und Zwischenmahlzeiten

Salate

Suppen

Saucen und Beilagen

Vegetarische Hauptgerichte

Hauptgerichte mit Fleisch oder Geflügel

Hauptgerichte mit Fisch

Desserts

Gebackenes – pikant und süß

Fotos: Studio Margit Schwarz, Frankfurt, außer **Gisela Kelbert,** Idstein: S. 8 /
Silvestris Fotoservice, Kastl/Obb.: S. 13 (Siegfried Kerscher)
FALKEN Archiv: M. Brauner: S. 15 / **E. Gerlach:** S. 9 u. 10 li. / **U. Kopp:** S. 11 /
Tessmann & Endress: S. 14 / **TLC:** S. 4, 5, 6, 10 re. und 12
Zeichnung: AS-Design, Ilse Stockmann-Sauer, Offenbach

Satz: DM-SERVICE Mahncke & Pollmeier GmbH & Co.KG, Rodgau

048660297X817 2635 4453 6271

1097900X03 02 01